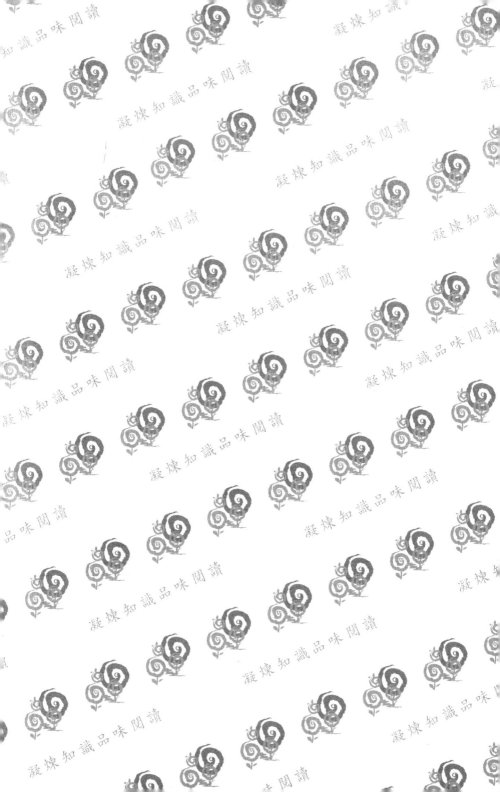

國際私法
理論與案例研究 ①

林恩瑋 | 著

五南圖書出版公司 印行

我們凡事不能敵擋真理，只能扶助真理。

——哥林多後書13：8

序　言

　　筆者從2006年留學回國後返回實務界工作，期間接觸了一些有趣的涉外民事案件，隨後進入學界服務。在教學與研究的過程中，深深感到國際私法學理論與實務結合的重要性，於是進行整理外國文獻與國內實務判決的內容，並陸續在國內各法學期刊上發表個人對這些判決與立法趨勢的評論意見。

　　國際私法研究的議題繁多，牽涉的爭議困難且駁雜，加之以國際活動靈活萬變，其趨向更是難以捉摸。年輕、資淺的國際私法學者如果沒有在實際案例上投注相當的努力，很容易使理論流於空談。因此筆者期待本書的研究成果，不但要儘量避開理論的陷阱，同時也能針對這些複雜的案例貢獻一些不同的思考角度，以拉近學說理論與實務工作間之距離。

　　本書之作成，除了彙整筆者這幾年間對於國際私法學研究成果外，並且因應我國涉外民事法律適用法的修正，以及近年來國際／區域公約的立法發展，在內容上做了一些補正。在編排上，本書採用法國法學傳統上二分題法（deux parties）的形式，將這些國際私法研究課題分爲「管轄衝突論」與「法律衝突論」二大部分呈現，並力求簡化全書的論述結構，希望透過這樣的安排，能夠使讀者在最短的時間內掌握筆者對於每一個問題的看法。

　　最後要感謝筆者的家人們，在個人的學術生涯中一路陪伴與支持：有你們溫馨的愛與包容，人生是何等的幸福。

林恩瑋

謹序於東海大學法律學院

2013年1月

目　錄

第一部分　管轄衝突論

第三章　選法方法新論：分割爭點方法

第一部分

管轄衝突論

|第一章|
直接管轄與國際裁判管轄權之法典化問題：
以2004年比利時國際私法新法典為參考

壹、前　言

　　國際管轄權（compétence internationale; international jurisdiction）一詞，向來於我國國際私法學界文獻所廣泛引用[1]。雖然在詞彙上另見有「涉外裁判管轄權」[2]、「國際裁判管轄權」[3]、「一般管轄權之原則」（principe de compétence

---

[1]　陳榮宗、林慶苗合著，民事訴訟法（上），2005年1月修正4版一刷，三民，頁92；陳啟垂，民事訴訟之國際管轄權，法學叢刊，第166期，頁75；陳啟垂，以缺乏國際管轄權為上訴理由，法學叢刊，第186期，頁1；陳啟垂，審判權、國際管轄權與訴訟途徑，法學叢刊，第189期，頁27。

[2]　劉鐵錚、陳榮傳合著，國際私法論，三民，2004年修訂3版，頁599，同時該書亦使用「國際管轄權」一詞。

[3]　徐維良，國際裁判管轄權之基礎理論，法學叢刊，第183期，2001年7月，頁69；林大洋、林信明合著，論國際裁判管轄權，中律會訊，第7卷第5期，2005年2月，頁17；蔡華凱，侵權行為的國際裁判管轄：歐盟的立法與判例研究，中正法學集刊，第14期，2004年1月，頁243；林秀雄，國際裁判管轄權：以財產關係案件為中心，收錄於國際私法理論與實踐（一），劉鐵錚教授六秩華誕祝壽論文集，學林，1998年版，頁120；林益山，國際私法與實例解說，台北大學法學叢書，2004年12月修訂4版，頁119；柯澤東，國際私法，元照，2004年10

générale）[4]、「國際性裁判管轄」[5]、「國際審判管轄權」[6]、「裁判管轄權」[7]、「國家管轄權」[8]或直接稱以「管轄權」[9]者，惟這些名詞所指涉之概念與討論之內容實為同一：基本之定義均係指向就涉外案件，究竟應由何國法院行使管轄權之問題[10]。

在涉外案件的進行流程上，國際管轄權的問題是先於選法衝突問題被討論的。事實上，傳統國際私法的討論重心，特別在我國，僅集中在討論法律衝突部分[11]。相對於管轄衝突的部分，則

月2版三刷，頁25，柯教授並併用「國際訴訟管轄權」一詞，同書第26頁參照。

[4] 曾陳明汝，國際私法原理（上集），學林，2003年改訂7版，頁240。

[5] 何適，國際私法，聯合書店，1978年，頁295。

[6] 邱聯恭，司法之現代化與程序法，三民，1997年3月版，頁98。

[7] 劉甲一，國際私法，三民，2001年4月修訂3版四刷，頁409；蘇遠成，國際私法，五南，2002年10月5版五刷，頁122。

[8] 盧峻，國際私法之理論與實際，上海中華書局，1934年7月版，頁195。該書大約為我國最早觸及國際管轄權問題之國際私法教科書。

[9] 馬漢寶，國際私法（總論各論），自刊，2004年版，頁197。

[10] 我國實務上明確使用「國際管轄權」一詞之最高法院判決，例如93年度台上字第1943號一則，判決要旨略為：「（前略）……涉外民事法律適用法並無關於離婚事件國際管轄權之規定，惟綜合民事訴訟法第五百六十八條關於離婚事件管轄權之規範意旨及原理，應解為我國就離婚事件之國際管轄權，係以當事人本國法院管轄為原則，輔以住所地法院管轄權及原因事實發生地法院之管轄權。」

[11] 學者蘇遠成論及裁判管轄權問題時並說明：「在德國……關於裁判管轄權之問題，在國際私法則未述及。……在日本，則仿效德國之法制，通常在國際私法上並未述及此問題（裁判管轄權）。」括弧本文作者自加，見蘇遠成，國際私法，前揭註7，第122頁。同樣請參考藍瀛芳，國際私法導論，自刊，1995年版，頁21以下；洪應灶，國際私法，中國文化大學，1988年4版，頁25以下同此；學者馬漢寶更指出：「內外國法院管轄權之限定，與內外國私法之衝突，究屬兩事。前者與外國私法判決之承認或執行，同為民事訴訟法上之問題。因是，德國及瑞士學者多主張另立國際民事訴訟法之專門科目，以從事此類問題之研究，此亦為本書所以未將管轄權列入國際私法定義內之主要原故。」馬漢

較少著墨。然而我國學者無不意識到管轄衝突問題與法律衝突問題，實同屬涉外案件之兩大重要領域[12]，而分別多少在其著作中提及管轄衝突之相關原理原則[13]。

關於國際管轄權問題的探討，常常與選法衝突的問題相結合，而難以割捨。在過去，法國法院甚至將案件可能「適用外國法」作為法國法院對該案件無管轄權之藉口。不過，目前國際私法學者將二者截然區分，已經成為定論，而法國法院對這種混淆的理論亦已揚棄[14]。國際管轄權問題被視為與選法衝突問題基本不同之觀念：即使其在一定程度上仍有相合之處。

從整體的世界觀角度觀察，在理論上或許我們可以認為將國際性的案件統一交由一個由各國法官組成的國際法庭管轄審理，會是適當的。但這顯然與國際現實不符。事實上，國際法院

實，國際私法（總論各論），前揭註9，頁33參照。

[12] 我國學者有採三分說者，認為國際私法有三大部門為其研究之範圍：管轄權的確認，準據法的選擇及承認與執行外國法院之判決。陳隆修，國際私法管轄權評論，五南，1986年版，頁4。實則管轄權的確認與承認執行外國法院之判決二者，可被同歸於管轄衝突的問題下討論。

[13] 請參閱賴來焜，當代國際私法學之基礎理論，自刊，2001年版，頁506以下有相當完整之整理與說明。

[14] 事實上，管轄權衝突之法則與法律衝突之法則二者有著性質上的差異，前者為實體法則（règles matérielles），乃直接觸及管轄權之有無問題，後者為選法法則（règles de conflit），為間接決定實體上權益之問題。此外，後者所包含的研究範圍，亦較前者更為廣泛，法國學者Bartin對此二者分別命名為「司法管轄」（compétence juridictionnelle）與「法律／立法管轄」（compétence législative），區別之實益在於二者互相為獨立之兩個問題，國家雖對案件具有國際管轄權，但在案件準據法上未必即適用該國之法律。Y. Loussouarn, P. Bourel et P. de Vareilles-Sommieres, "Droit international privé", *Dalloz*, 2004, 8ᵉ éd., n°436/437; B. Audit, "Droit international privé", *Economica*, 2000, 3ᵉ éd., n°318.

僅在極少數的情況受理國際私法的案件[15]，而由於國際管轄權目前在全世界尚無一個共通承認的最高法律，亦無一個由世界各國法官所組成之超國家法院受理國際私法案件之審理。是以在實務運作上，國際管轄權問題仍應回到各國法院之中，以該國法院所確信並具備合理法律基礎之原理原則確認國際管轄權之有無。易言之，從國際私法學的觀點而言，所謂的國際管轄權問題，實則係在於討論國際間各國法院對於國際案件如何分配其管轄權之問題。

　　一般來說，我國國際私法學者將國際管轄權問題劃分為兩大部分討論：即「一般管轄」（compétence générale）與「特別管轄」（compétence spéciale）[16]。然而僅從中文的字義上觀之，並不容易理解何謂一般管轄，何為特別管轄。是以學者多會在敘述上繼續補充說明前者為「國際管轄權」，後者為「國內管轄權」。實則此一學理上的分類，係源自於法國學者E. Bartin之理論。就法文而言，形容詞「général」除有「一般的」之意，亦有「整體的」、「普遍的」之意，與之相對的「spécial」一詞，亦有「個別的」之意。是以吾人不難理解當初Bartin為何要使用「compétence générale」一詞，對其而言，「整體的管轄」自然指涉的是國家與國家間的管轄分配問題，而就個別的國家內部管

---

[15] 例如國際法院1952年8月27日關於管轄權衝突的案件判決，及2001年6月27日判決關於美國違反1693年4月24日維也納公約關於國內有關外國人之民事程序方面之領事關係，其中有關競合管轄之規定。

[16] 我國學者一般翻譯為直譯，劉鐵錚，論國際管轄權衝突之防止，國際私法論叢，國立政治大學法律學系，1991年3月修訂再版，頁258；劉鐵錚、陳榮傳合著，國際私法論，前揭註2，頁599。

轄分配問題，則以「compétence spéciale」稱之[17]。此一分類方式是否妥適，或許見仁見智[18]，惟在國際私法理論中，概念上區分一般管轄與特別管轄，並非毫無意義，此即為本文以下所欲探討問題之一。

在探討國際管轄權問題時，一般學理上又有兩種分類：即所謂「直接的管轄權」（compétence directe）與「間接的管轄權」（compétence indirecte）。此處使用「直接的」與「間接的」等形容詞，係以理論是否直接觸及到國家之國際管轄權標準而定。易言之，前者為直接探討一國之國際管轄權標準應當為何，而後者則為研究外國法院判決之效力，間接地觸及國際管轄權標準之問題。本文所著重者，主要在於「直接的管轄權」部分，但既然本文之副標題係針對整個國際管轄權理論之省思，則論述上為釐清理論之層次，即無可避免須附帶討論「間接的管轄權」在國際管轄權理論中所扮演之角色問題。

關於管轄衝突問題，是否應列入國際私法學中討論，學者間曾有不同之意見。惟現今國際私法學界對於管轄權問題之討論，均將之普遍納入國際私法學之研究範圍。在外國立法例上，近年來比利時國際私法新法典[19]（以下簡稱「新法典」）的

---

[17] 是以作者曾建議將「一般管轄」與「特別管轄」改稱為「集體管轄」與「個別管轄」。林恩瑋，大陸法系國際私法選法理論方法論之簡短回顧，法令月刊，第56卷第3期，2005年3月，頁37-47。

[18] 我國學者有以為此種概念分類在國際社會上不具普遍性，並且亦與現行訴訟法上之概念混淆，故對之置疑。蔡華凱，侵權行為的國際裁判管轄：歐盟的立法與判例研究，前揭註3，頁253（該文註28）參照。

[19] 法文版法典全文網路資料網址：http://www.dipulb.be 。

制定，即為一例[20]。在這部法典中，比利時立法者完成了從19世紀初以來近150年比利時國際私法學者所未完成的工作，在法語系國家中，這部新法典的制定，可謂立下了一個歷史性的里程碑。

事實上，有關國際私法法典化的相關爭論在法語系國家間從未停息過。在法國，儘管學者不斷嘗試國際私法的法典化，但反對說似乎總是占了優勢[21]。對比利時而言亦然，早在研議新國際私法法典之前，就有不少異見出現[22]。但最終比利時參議院仍是通過了這項法案，誠如學者Carlier教授所言，法典化的理由主要還是基於實用主義（pragmatisme）的考慮，因為對從事司法實務的工作者而言，其所需要的是一套面對涉外問題時的指導性規範。這套規範必須要清楚的、容易理解的，並具體地給予法官指示，以解決相關的涉外問題，而不是讓法官們在複雜的學理與法

---

[20] 這部法典的制定在當時引起了歐洲學界極大的注目，主要是因為在法典草案制定之初，比利時國際私法的學術界涉入甚多，灌注了不少歐洲國際私法理論的心血結晶。這部新法典由比利時根特大學（RUG）的Johan Erauw 教授、新魯汶天主教大學（UCL）的Marc Fallon 教授、Hans Van Houtte 教授（魯汶大學）與布魯塞爾自由大學（ULB）的Nadine Watté等教授共同主導問世，同時也受到司法部副部長Laurette Onkelinx的大力支持，法案從提出於比利時司法部到參議院通過，整整歷經了十數年的時間。H. Boularbah, "Le nouveau droit international privé Belge: Origine, objet et structure", *J. Tri.*, 12 mars 2005, n°6173, p. 173.

[21] H. Muir Watt, "La codification en droit international privé", *Droit*, 27, 1998, p. 149. 相關文獻並請參考E. Jayme, "Considération historiques et actuelles sur la codification en droit international privé", *RCAD*, t. 177, p. 9 s.

[22] 反對意見中最為權威者，乃比利時列日大學的名譽教授Pierre Gothot，其對於國際私法法典化的可行性表示質疑，見J-V Carlier, "Le Code belge de droit international privé", *RCDIP*, 94(1) janvier-mars 2005, p. 11, surtout p. 16, à note 11.

院的判決先例意見間繞來繞去[23]。

　　值得注意的是，新法典並非只是對於過去比利時國際私法學說的整理與歸納彙整而已，在許多方面，這部新法典並大膽地作出了一些創新類型的規定，例如對於休妻制度（La répudiation，第57條）、共同生活關係（La relation de vie commune，第58條以下）、同性戀婚姻（第46條第2項）、信託（Trust，第122條以下）、債務人無資力宣告制度（L'insolvabilité du debiteur，第116條以下）等，新法典都有明確的規範與指示。

　　新法典規範之範圍，不僅只在法律衝突的部分，亦對管轄衝突之領域有統一之規定，可謂為「大國際私法」立法典型[24]。就整個立法體裁而言，新法典與1989年瑞士國際私法法典相同[25]，可分為總則與分則[26]，共計13章（總則、自然人、婚姻關係、共同生活關係、親子關係、扶養義務、繼承、物、債、法人、債務人無資力的集體規定、信託與附則），每章將各種法律關係類型化，並置有國際管轄權與衝突規範之相關規定。甚至在特定章節中，新法典直接將法律關係予以定性，例如共同生活關係

---

[23] J-V Carlier, *ibid.*, p. 14.

[24] 所謂「大」國際私法之定義，請參考賴來焜，基礎國際私法學，三民，2004年6月版，頁26以下；又請參考專文，賴來焜，中國大陸地區國際私法之最新發展，文章收錄於國際私法理論與實踐（一）：劉鐵錚教授六秩華誕祝壽論文集，學林，1998年版，頁31；林恩瑋，大陸法系國際私法選法理論方法論之簡短回顧，前揭註17。

[25] 有關瑞士國際私法法典之中文文獻，請參考劉鐵錚等著，瑞士新國際私法之研究，三民，1991年10月版。

[26] 此一分類方式非法條原文分類，而係本文作者自行彙整。

（第58條）、債務人無資力的集體規定（第117條）、信託（第122條）等，以杜絕可能的爭議。成問題者，新法典中所規定之國際管轄權規則，是否即為國際私法學科中，關於管轄權衝突理論之學術果實？或者新法典中關於國際管轄權之規定，曾摻雜了其他學科的考慮，特別是國際民事訴訟法的理論於其中？上述疑問均值玩味。準此，本文嘗試提出兩個問題：首先，如果沒有一項放諸四海皆準的管轄權原則被明確地制定，那麼對於國際管轄權理論所劃歸之原則與類型，究竟應該如何掌握？其次，如果我們可以確認掌握住這些「既存的」原則與類型，是否在實務上我們可以找到法源的依據？

　　為回答上開兩項問題，以下擬分為兩大部分進行討論：第一部分，將討論國際管轄權理論之基礎，亦即辨明「既存的」國際管轄權規則究竟是什麼；第二部分則以比利時國際私法新法典為例，探索其中有關國際管轄權之規定，作為我國法制與理論比較的參考。

貳、國際管轄權理論之基礎

　　在我國，關於國際管轄權之理論，基本上有兩種學科觀點：國際私法學、國際民事訴訟法學（Internationales Zivilprozessrecht）。源於不同之觀點基礎所各自發展的國際管轄權理論，在名詞與概念的使用上，也存在著差異。是以，在論述之時，即不能忽略討論這兩種學科所分別建構的國際管轄權

理論觀。

　　此外，雖然在國際私法與國際民事訴訟法學科的觀點上，對於國際管轄權的名詞或概念有所差異，但並不表示這種差異即是不能調和的。易言之，在面對同樣的涉外案件中，國際私法或國際民事訴訟法都無法避免必須提列出其各自所認定之原理原則，以證明該案件與法院之間具備管轄的合理基礎。是以，本章擬先從此二學科的殊異觀點出發，分析其中名詞與概念之同質性與異質性，爾後就同質性的部分，提列歸納出國際管轄權之原理原則，以說明國際管轄權理論系統之獨立性與特色。

一、名詞與概念辨異

　　國際民事訴訟法屬於研究涉外案件之新興法律學科[27]，雖名之為「國際」，實則國際民事訴訟法僅指各國之民事訴訟法所涉及國際間民事事件之法律規定而言[28]。與國際私法學科性質之不同者，在於國際民事訴訟法為一純粹之內國涉外程序法研究，而

---

[27] 學者有認為所謂涉外（國際）民事訴訟，「目前只是學理上，就具有涉外因素或國際因素之訴訟程序中所發生，而不存在於一般國內案件之程序法上問題，所提出之解對對策或規則集合名稱，而非某一法典之名稱，有時也被稱為國際民事訴訟法。」劉鐵錚、陳榮傳合著，國際私法論，前揭註2，頁599。我國國際私法教科書中最早提及國際民事訴訟者，為王毓英，國際私法，上海商務印書館，1932年，頁174以下。

[28] 陳啟垂，民事訴訟之國際管轄權，前揭註1，頁75；陳榮宗、林慶苗合著，民事訴訟法（上），前揭註1，頁85。亦有將國際民事訴訟法列為廣義的國際私法者，如蔡華凱，侵權行為的國際裁判管轄：歐盟的立法與判例研究，前揭註3，頁245。

國際私法之研究領域則兼跨了各國的實體法與程序法[29]。

　　關於國際民事訴訟法學科特性，陳榮宗教授認為：「相對於國際私法之對實體法層面，在訴訟法層面，遂有國際民事訴訟法之學問與用語出現。[30]」此一說法即認為國際民事訴訟法之研究議題，主要在於程序法範圍，更精確地說，係在於內國民事訴訟法關於涉外案件審理程序之相關規定。故如法院管轄權、當事人適格[31]、程序事項之法律適用[32]、司法互助、訴訟程序效力之承認、外國法院判決之承認、涉外民事事件之保全程序、國際商務仲裁等，均可謂國際民事訴訟法之研究範圍[33]。

　　學者梅仲協對於國際管轄權之問題是否應列入國際私法研究範圍，曾謂：「……就理論上言，關於內外國家審判管轄權之限

---

[29] 國際私法的性質，究竟為程序法或為實體法，學說上素有爭議，從選法法則運作的角度觀之，國際私法似為程序法性質，但其與實體法之關係匪淺，因選法的結果將間接影響實體上的權利義務關係。馬漢寶，國際私法（總論各論），前揭註9，頁20以下；曾陳明汝，國際私法原理（上集），前揭註4，頁13以下；柯澤東，國際私法，前揭註3，頁36以下；劉鐵錚、陳榮傳合著，國際私法，前揭註2，頁16；賴來焜，最新國際私法之本質論，法令月刊，第51卷第10期，2000年10月，頁660以下（特別在頁678）。

[30] 陳榮宗、林慶苗合著，民事訴訟法（上），前揭註9，頁85，陳榮宗，國際民事訴訟之法律問題，法學叢刊，第143期，1991年7月，頁25-36。

[31] 李後政，涉外民事事件之當事人適格問題——最高法院八十三年度台上字第一六九號、八十六年度台上字第三七八九號判決評釋，台灣本土法學雜誌，第22期，2001年5月，頁73。

[32] 陳駿賦，國際民事訴訟中定性理論與訴訟標的理論之交錯，萬國法律，第132期，2003年12月，頁106。

[33] 劉鐵錚、陳榮傳合著，前揭書，頁599參照；另請參考李後政，外國法院確定裁判之承認要件及效力之問題，收錄於國際私法論文集，五南，1996年9月，頁170以下。

定，及外國判決或破產效力之承認諸問題，與國際私法上所欲研究之問題，性質截然不同，……關於審判管轄權諸問題，非有賴國際條約之協定，究屬難為徹底之解決，故此等問題之研究，應另立專攻之科目，別稱之為國際民事訴訟法或國際破產法，而置諸國際私法研究範圍之外，較為適宜。[34]」惟就國際私法學之發展趨勢以觀，似未必盡如其所言。一則國際管轄權理論之研究迄今仍受國際私法學者重視而未予放棄；二則就立法趨勢來說，國際管轄權仍受國際私法法典化之青睞，比利時國際私法新法典之肇成，即為明證。

事實上，回顧國際私法之理論歷史，我們可以發現至少有兩大主義左右著國際私法學者的觀點：即世界／普遍主義（universaliste）與個別主義（particulariste）。這兩大主義不僅在選法理論上發揮其作用，成就了不同的選法方法體系[35]，並且在管轄權衝突的理論部分，也有著各自不同的看法[36]。

主張世界／普遍主義者認為，所謂的法律衝突與管轄衝突問題，事實上均是主權的衝突問題。世界／普遍主義者認為一個屬於國際秩序的法規範確實存在著。而標誌著這項國際法規範的明顯例證，則為國際之間管轄權分配的問題。因為吾人必須要嘗試

---

[34] 梅仲協，國際私法新論，三民，1990年8月9版，頁72。

[35] 林恩瑋，大陸法系國際私法選法理論方法論之簡短回顧，前揭註17，頁40以下。

[36] 拿破崙法典可謂為世界第一部有關國際管轄權的重要文獻（法典第14條及第15條），然而直至19世紀末，國際管轄權尚未形成其獨立之基礎理論，而是依託在其他的學科中發展。B. Audit, "Le droit international privé en quête d'universalité", *RCADI*, t. 305 (2003), pp. 9-488, surtout à n°363.

著規避各國家間對同一案件所可能產生的管轄衝突情形，而管轄權衝突的最根本解決之道，毫無疑問是去制定出一套國際管轄權的法則，這套法則必須符合國際秩序的法規範標準，才能避免管轄衝突的發生[37]。

　　主張個別主義者，則貫徹其向來之立場，認為事實上國際間並不存在一個至上的國際管轄權法規可資遵守，故有關國際管轄權的問題，各國仍以其個別國家之管轄權規定標準，判斷其是否對該涉外案件具有國際管轄權[38]。身為個別主義支持者之一的法國學者Niboyet更指出，強制一個國家接受他原來不願意接受的國際管轄權，是不公平的。每個國家彼此間應該都是平等的，各國均應尊重他國的主權，包括了不得強迫他國接受本國之國際管轄權標準[39]。

　　因此我們可以發現，在對於國際管轄權理論的立場上，個別主義與國際民事訴訟法學的看法是一致的：因為不存在一個普遍、至上的國際管轄權標準，故法官只能退而求諸其國內法規以判斷國際管轄權之有無。從這一個基礎出發，我們發現其在論述上或有以下相異之處。

---

[37] H. Batiffol et P. Lagarde, "Traité de droit international privé", t.1., *LGDJ*, 8ᵉ ed., n°264.

[38] 例如Bartin，其即認為國際私法的角色是由各國間的管轄權分配所構成。易言之，事實上國際間是由各國自行決定其內國法律與管轄權之範圍，在國際私法上，「管轄權」一詞雖係借自於國際公法之概念，但所謂的國際管轄權規則並不存在於國際社會中，而是在於國際社會的「各成員」（即國家或其他政治實體）之中。P. Mayer, "Droit international privé et droit international public sous l'angle de la notion de compétence", *RCDIP*, v. 68 1979, pp. 16-29, surtout à p. 4.

[39] P. Mayer, *ibid*.

（一）學科觀點意見歧異

從國內法的觀點來說，「管轄權」（compétence）一詞意味著特定人或機關對於特定事物所具有的一定管領資格。只要言稱「管轄權」，在字義上必定是指涉某一法律「主體」具有管轄權。因此我們會說某機關、某人對某件事物具有管轄權，但不會說某法律、某物具有管轄權。

管轄權在國際公法上的定義，也是迥然不同的。一般而言，如果在國際公法上稱某國有管轄權，則這個管轄權必然是排他的、專屬的。國際公法上的「國家管轄」（compétence étatique）主要是一國主權行使範圍的問題，判斷各國主權行使的範圍，使之互不侵害，為國際公法論及「管轄權」的目的之一。也因此，所謂國家「管轄權的衝突」並非為國際公法上所需探究，其主要關注者，僅在於討論國家「管轄權有無」之問題，易言之，即國家主權作用範圍之問題[40]。

無論從國內法或是國際公法的觀點，都無法完整地詮釋國際私法上的管轄權概念。事實上，此三者在「管轄權」的理論上所關注的範圍各不相同，並各具獨特性，不可相混。雖然國際私法上使用「管轄權」一詞，但這種說法僅是假借於國際公法之管轄權概念，便於國際私法學者陳述而已。是以國家管轄權概念不宜適用在國際私法學之管轄權問題上，因為「管轄權的衝突」問題

---

[40] P. Mayer, "droit international privé et droit international public sous l'angle de la notion de compétence (suite)", *RCDIP*, v. 69 1979, p. 349., surtout à p. 354.

正是國際私法領域中經常發生與討論的焦點[41]；同樣地，國內法上的管轄權概念，特別是土地管轄，亦與國際私法上的管轄權概念不相同：國際私法的管轄權並非僅以地理的概念作為管轄權有無之判斷基礎，相反地，其所考慮的非地理性因素不在少數。即使案件與國家間無地理關係，國家仍有可能對該案件具備管轄權[42]。

也因此，區分「一般管轄」與「特別管轄」之實益，在國際私法學上即為表現其所論述之管轄權理論的特殊性，而表示與國內法所稱之「管轄權」概念有所差異[43]。事實上，以國際私法學的觀點而言，僅僅將管轄權問題侷限在個別主義的立場說明是不合理的：既然國際私法的目的在於避免各國間管轄衝突發生之可

---

[41] 另一個明顯的比較是，國際公法上之國家管轄權理論係建立在國際公法原則之上，如果國家違背國際公法之原則，則國家管轄權不生效力，但在國際私法上，由於並無一個至上普遍的管轄權規則予以拘束規範，即使各國立法者在其制定國際管轄權標準之意旨有違國際法時，仍不會減損其特定之法律效力。

[42] 例如國籍、當事人間之合意管轄等，均為判斷國際管轄權有無之重要非地理因素。請參考P. Mayer et V. Heuzé, "Droit international privé", *Montchrestien*, 8e éd., nov. 2004, n°277.

[43] 國內有學者持反對意見，認為特別管轄權「實係民事訴訟法上法院之土地管轄分配之問題，本非國際私法或國際民事訴訟法之任務，自無另外創設新法律概念而為說明之必要。」蔡華凱，國際裁判管轄總論之研究——以財產關係訴訟為中心，中正法學集刊，第17期，2004年10月，頁1-86（特別在頁8）。法國學者亦有認為，在國際管轄權的一般原則下，這種區分並無太大的意義，因為法律往往將同一種標準適用在「一般管轄」與「特別管轄」的場合。特別此一分類的創設，是在過去法國法院以案件具有涉外因素為由而拒絕管轄的時代，學者為求概念上精緻化，因而在該時代提出此項區分標準，於今法國法院已放棄這種見解，故此項區分已無太大意義。僅在一些特殊情形下，當法院無法依照土地管轄原則判斷是否對案件具有國際管轄權時，才有相對的區別實益存在。D. Holleaux, J. Foyer et G. De Geouffre de La Pradelle, "Droit international privé", *Masson*, Paris, 1987, n°757. 並請見本文段碼第24以下之討論。

能，乃以調協（conciliation）的方式處理管轄權問題，那麼我們怎麼能說管轄權的理論基礎僅在於各國之內國法本身，而完全忽略各國間的主權調協問題呢？

從國際民事訴訟法角度而言，對於國際管轄權的基本理念，亦有國家主義型、國際主義型與普遍主義型三類。因此三種理念類型所各自導引出之國際管轄權決定標準：逆推知說[44]、修正類推說、利益衡量說等，亦與國際私法學者在管轄權衝突之理念有相和之處——從逆推知說在學理上所受到的批判——論理邏輯的矛盾性、混淆國際管轄權與國內管轄權標準、欠缺對於涉外案件國際性特質的考慮等，亦可以發現國際民事訴訟法學者對於國際管轄權之問題，並非單純就各國之國內立場而為推論[45]。

進一步言，國際管轄權問題的特殊性，為國際私法與國際民事訴訟法學者所感認。決定國際管轄權之有無，不可單純以國內土地管轄之概念予以逆推，而應該重視國家與涉外案件間之連繫，以更宏觀、更切合個案需求以及更具彈性的角度建立國際管轄權之標準。也因為案件具有國際性，使得適用於訴訟事件之程序法與法庭地之國際私法，乃至於語言、司法制度、民情風俗

---

[44] 此說係主張將內國民事訴訟法的管轄權規定適用於涉外案件之管轄權問題中，國內一般文獻沿襲日本學說稱謂，將之命名為「逆推知說」。但本文認為，此種情形僅是將國內民事訴訟法之管轄權規定擴張適用於涉外案件的場合，其間二者（國內管轄權標準與國際管轄權標準）並無邏輯上「逆推」或互證之關係，將此說稱之為「逆推知說」是否妥當，似待斟酌。

[45] 蔡華凱，國際裁判管轄總論之研究——以財產關係訴訟為中心，前揭註43，頁11以下，主張「對於國際裁判管轄權在學理上的定位，應從現行內國體制與國際法間的關係加以說明。」

等均受到國際管轄權標準判定之重大影響。是以建構國際管轄權理論，即不可忽略涉外案件與一般國內案件之差異性[46]。

　　雖然，國際民事訴訟法學與國際私法學對於國際管轄權問題，有著許多之共通點，但其就個別問題之細微差異性仍然存在，以下即就二學科間相關專有名詞部分為進一步之分析與比較。

（二）相關專有名詞分析

　　國際民事訴訟法學者以國內法角度出發，就國際管轄權理論的層次，細膩地定性了各種名詞與相關概念，其中最著者，即為審判權、國際管轄權、訴訟途徑三者之區分[47]。

　　國際民事訴訟法學者認為，審判權亦稱為裁判權，指國家的司法權，屬於國家主權之一部，為國際公法上國家主權範圍的問題，係受到國際公法規範的限制。審判權乃國際管轄權之前提，其功能在於決定究竟法院是否「得」為審判的問題。

　　而國際管轄權，則是指一國法院對某一具體訴訟事件，因其與內國有一定的牽連關係，而得予以裁判的權限。其功能在於決定是否受訴法院對於案件「必須」為裁判之問題。

　　至於訴訟途徑，則是指國家審判權所提供權利保護的法定程序，性質上屬於管轄權的問題。

---

[46] 相較於內國民事訴訟法對於管轄權問題的容忍與彈性，國際管轄權的問題應該與之有別，因為上述的各種訴訟程序干擾問題，在國際案件中的影響往往較國內案件更為重大。

[47] 陳啟垂，審判權，國際管轄權與訴訟途徑，前揭註1，頁27。

　　區別三者的實益，除了概念層次上的釐清以外，更重要的是在於內國法官面對三種不同之情況（欠缺審判權、欠缺國際管轄權、訴訟途徑不合法）時，在訴訟上處理的方式也不相同。以審判權與國際管轄權問題為例，在我國而言，因為民事訴訟法上尚無如德日國家有訴訟判決之規定，是以國際民事訴訟法學者認為，訴訟若屬欠缺「審判權」者，應適用民事訴訟法第249條第1項第6款以訴訟「不備其他要件」裁定駁回；訴訟為欠缺「國際管轄權」者，應類推適用民事訴訟法第249條第1項第2款以訴訟「無管轄權」裁定駁回[48]。此外，欠缺審判權所為之判決，判決不能產生效力，而欠缺國際管轄權之判決，在未經上訴程序請求廢棄該判決前，判決仍為有效[49]。

　　國際民事訴訟法學者此項分析，固為縝密，然而我們可以發現，在國際私法學上未必將審判權與國際管轄權二者作如此精密之區分。如前所述，國際私法學上在討論管轄權時係著重於國際之間國家整體管轄權分配的問題，目的在於避免各國間管轄衝突發生之可能，以調協的方式處理國家之間的管轄權問題。從此一

---

[48] 陳啟垂，審判權，國際管轄權與訴訟途徑，前揭註1，頁29-33；陳啟垂，民事訴訟之國際管轄權，前揭註1，頁77-78；陳啟垂，以欠缺國際管轄權為上訴理由，前揭註1，頁3-8；徐維良，前揭註11，頁78；林大洋、林信明合著，前揭註11，頁22以下均同此見解，不過亦有認為，此種情形仍應以判決形式為之，而在判決書上記載「據上論結，本件原告之訴不合法，爰判決如主文」方式變通者。詳見蔡華凱，國際裁判管轄總論之研究——以財產關係訴訟為中心，前揭註43，頁69以下。

[49] 陳啟垂，審判權，國際管轄權與訴訟途徑，前揭註1，頁29。反對說（認為判決無效），蔡華凱，國際裁判管轄總論之研究——以財產關係訴訟為中心，前揭註43，頁66。

角度觀之，審判權與國際管轄權二者實為同一：因為在國際私法的理論上，我們無法想像法院有審判權（確認國家司法制度對案件得為審理），而同時卻又無國際管轄權（確認國家司法制度對案件不得為審理）的例子[50]。

也因此，就國際私法學而言，法院無國際管轄權而為本案判決者，因欠卻訴訟要件，與法院無審判權為判決之情形相同，其判決應屬不生效力。未判決前，在我國似應依民事訴訟法第249條第1項第6款以訴訟「不備其他要件」裁定駁回；判決後未確定前，仍不妨依上訴程序救濟，由第二審法院廢棄原無國際管轄權之判決。

然而，此係就本國法院無國際管轄權之判決而言。對於外國法院無國際管轄權而為判決（無論是以本國法院的國際管轄權標準，或是以外國法院之國際管轄權標準），應如何確認其判決之效力，則為外國法院判決效力承認與執行（間接的一般管轄）之問題，與國際管轄權（直接的一般管轄）問題不可相混，二者在國際私法學上各自有其不同之性質、判斷標準與理論基礎。

關於國際私法學上使用「一般管轄」與「特別管轄」等詞，國際民事訴訟法學對之也有不同的定義。大陸法系的民事管轄規則構造，基本上將法院與案件之連繫關係區分為二：以人（被告）和法院地之間的連繫關係，稱之為「普通審判籍」，

---

[50] 邏輯上既然認為二者的概念為同一，則不可能存在「既有又無」之現象。至於國際管轄權行使的限制，例如不便利法庭原則（forum non convenient）或國際管轄競合時，內國法院自我限制管轄權之行使（即litispendance）等情形，與確定國際管轄權之有無，為兩個不同之問題。

即所謂「以原就被原則」（*actor sequitur forum rei*），因該原則具有普遍性，乃法院對於被告具有一般性權限，而不問訴訟類型與請求之原因，故又名之為「一般管轄」；在「一般管轄」之外，案件與法院地另外具有連繫關係者（或因其訴訟標的，或因其訴訟類型），稱之為「特別審判籍」，又名「特別管轄」[51]。

在學理上，國際私法學區分「一般管轄」與「特別管轄」有其語言與概念上的原因，已如前述。雖然「一般管轄」與「特別管轄」等詞，在國際私法學上已有其固定之定義，惟從近年來國際私法之公約立法與法典化趨勢觀察，「一般管轄」與「特別管轄」之涵義似乎傾向於國際民事訴訟法學之定義[52]，但是否意味國際私法學上即應放棄此一傳統之概念分類，似仍值斟酌[53]。

---

[51] 蔡華凱，國際裁判管轄總論之研究——以財產關係訴訟為中心，前揭註43，頁11-12。

[52] 例如1968年之布魯塞爾「關於民事及商事事件之裁判管轄暨判決之承認執行公約」（The Convention of 27 September 1968 on Jurisdiction and Enforcement of Judgment in Civil and Commercial Matters，即隨後之盧加諾（Lucano）公約與 Council Regulation (EC) No. 44/2001 of 22 December 2000 on on Jurisdiction and Enforcement of Judgment in Civil and Commercial Matters之主要法源，以下本文分別將之簡稱為「布魯塞爾公約」與「盧加諾公約」），美國聯邦最高法院於1984年之 *Helicopteros Nationalesde Colombia v. Hall* 一案，均使用此一分類。轉引自蔡華凱，國際裁判管轄總論之研究——以財產關係訴訟為中心，前揭註43乙文。

[53] 以法國為例，法國國際私法學者並未在布魯塞爾公約通過後即放棄此一概念上的分類方式，蓋此一分類並不阻礙其接受布魯塞爾公約及歐盟第44/2001之規定。因此就司法實務習慣而言，或許國際民事訴訟法學的分類較容易讓我國的司法實務者接受，然而這並不代表概念上接受國際私法學就「一般管轄」與「特別管轄」之分類，即會對國際管轄權問題的理解造成障礙。事實上，這兩個學科所研究的對象是同一的，只是立於不同觀點，因此產生使用名詞與概念上的差異性。

二、理論系統的建構

在國際私法學上，關於國際管轄權理論系統，因其具備國際特性，故宜於法律衝突領域中之選法方法與國內管轄理論之外獨立建構。然而，該理論系統之建構仍無可避免受到相關法律概念與問題之干擾。如何排除這些問題，而釐清、歸納出一般的原則，實為一困難之工程。

是以討論國際管轄權之理論系統建構，即不能不先分辨相關之問題與概念，進而藉由所列舉之問題，尋找出回應該問題之一般原則。以下即分別就國際管轄權在理論系統建構上所遭遇之問題與建立之原則，依序分析。

（一）遭遇的問題

首先的問題是，如果要建立一個國際管轄權的標準，是否意味著其他國家的司法機關在判決上也必須要遵循此一標準？

答案顯然是否定的，因為現實是世界各國各自有其獨立的國際管轄權標準，而不受到他國之干涉。但是，如果一國之國際管轄權標準不能拘束他國法院這種理論成立，當內國與外國的司法機關對於國際管轄權標準發生歧異或產生衝突時，又應如何處理？

是以國際私法學中，將國際管轄權理論基本劃歸為兩個領域：「直接的管轄權」與「間接的管轄權」。前者指法院對於涉外案件有無直接之原則可確認國際管轄權之有無問題，後者則是對於外國法院作成之判決，間接地由內國法院審查其有無國際管

轄權，亦即外國法院判決在本國之承認與執行的問題。這兩個領域的理論為各自獨立，性質上互不相同[54]。

　　將這兩種領域的理論分別開來，主要在於直接的管轄權與間接的管轄權所面對的問題性質有著根本上的差異[55]。後者所據以認定外國法院判決效力的標準，為實效性標準（critère d'efficacité）[56]，而非管轄標準（critère de compétence）。易言之，即使外國判決並不符合該國之國際管轄權標準，內國法院仍有可能在其符合實效性標準下，承認該外國判決之效力[57]。

　　然而，直接的管轄權與間接的管轄權間之關係，有時候呈現十分緊密的關聯性，而使得二者在判斷的基準上有互相影響的情形出現。然而，這種互相影響的現象卻不是正面的。以法國為

---

[54] 對於直接的管轄權，學理上性質為審理管轄，屬於行為規範，而間接的管轄權則是屬於承認管轄性質，是一種評價規範。蔡華凱，國際裁判管轄總論之研究——以財產關係訴訟為中心，前揭註43，頁13以下。

[55] 從承認外國判決之理論基礎觀之，有「禮讓說」、「既得權說」、「義務說」、「正義說」及「特別法說」等等，劉鐵錚、陳榮傳合著，前揭註2，頁617；劉甲一，前揭註7，頁454以下。相關討論又請參考陳長文，外國判決之承認——從歐盟「布魯塞爾判決公約」及美國「對外法律關係新編」評析民事訴訟法第四〇二條，收錄於國際私法理論與實踐（一），劉鐵錚教授六秩華誕祝壽論文集，學林，1998年版，頁214；李後政，外國法院確定裁判之承認要件及效力之問題，前揭註33，頁177。

[56] 從法文詞源意義上而言，efficacité一詞多指為效率之意（即英文的efficiency），惟法文書寫中習慣將efficacité一詞等同英文之effectiveness使用，是以critère d'efficacité 就理論內涵而言，實指「實效性標準」，而非「效率標準」。有關efficacité詞義之說明請見 http://www.mcxapc.org/static.php?file=lexique.htm&menuID=lexique。

[57] 從推論上來說，即便是布魯塞爾公約，其亦未有非依該公約之國際管轄權標準做成之外國判決，簽約國不得承認其效力之規定。P. Mayer, "droit international privé et droit international public sous l'angle de la notion de compétence (suite)", p. 17.

例，早期法國事實審法院對於間接的管轄權標準判斷，曾有兩種不同之認定方法。第一種方法是以判決國（外國）國內法的國際管轄權標準（直接的管轄權）作為認定依據，但這種方法因為容易鼓勵原告在有利於案件管轄權的國家起訴，造成選擇法院（forum shopping）現象的發生，故非妥適；第二種方法則是以法國（內國）之國際管轄權標準作為認定依據，但由於這種標準較為嚴苛，因此亦被法國學者所批評[58]。

1985年法國最高法院在*Fairhurst c. Simitch*一案中，明確地採取了第三種判斷的標準[59]。其採用「兩條件」說，認為只要系爭事件與外國法院所屬國家間具有「特徵明顯連繫關係」（le litige se rattache d'une maniere caractérisée au pays dont le juge a été saisi），且其選擇管轄時無規避管轄（frauduleux）的情事發生者，外國判決原則上認其有國際管轄權，而受法國法院之承認與執行[60]。

---

[58] 即*Gunzbourg*案, Paris, 18 juin 1964, *RCDIP*, 1967, p. 340, note Deprez; *Clunet*, 1964, p. 810, note J.D. Bredin. 在1975年以前，法國民事訴訟法規定契約之債訴訟由付款地法院管轄，依照此一原則，若非付款地國所為之外國判決，自法國法院之直接管轄權標準觀之，均屬無管轄權，而不得被承認或執行。P. Mayer et V. Heuzé, "Droit international privé", n°369-373; P. Courbe, "Droit international privé", Armand Colin, 2ᵉ éd., 2003, n°332. 中文資料部分，請參考陳忠五，美國懲罰性賠償金判決在法國之承認及執行，收錄於美國懲罰性賠償金判決之承認及執行合集，學林，2004年12月，頁71-156。

[59] Cass. civ. 6 fev. 1985, *RCDIP*, 1985, p. 369; Les grands arrêts de la jurisprudence français de droit international privé (ci-après *grands arrêts*), n°70, note H. Gaudement-Tallon; Ph. Francescakis, "Le contrôle ou la compétence du juge étranger après l'arrêt Simitch de la Cour de cassation", *RCDIP*, 1985, p. 243.

[60] 在此之前，1958年巴黎法院在*Lundwall*一案（*RCDIP*, 1958, p. 398, note H.B.;

　　從法國法院實務的意見演進，可知所謂直接的管轄權與間接的管轄權之問題，在處理上應有所區別。雖然有學者將二者合一觀察，主張判斷間接管轄之基準應與直接管轄之基準同一，即所謂「鏡像理論」（德文Spiegelbildgrundsatz；法文la doctrine de la bilatéralité），但此種理論以國際私法學觀之是否合理，仍值深思[61]。無論如何，目前國際私法學者的主流意見，仍將此二者領域分開討論，殊無疑問。

　　另一個遭遇的問題是，如果要建立起一個國際管轄權的標準，這項標準的法源會是什麼？是否僅以移植國內法關於管轄之規定標準為已足？或是應另行採用較國內法之管轄規定更為彈性之標準？

　　在國際管轄權標準未成文化的國家，司法機關通常採取的方式，為類推適用（或延伸適用）內國民事訴訟法的管轄規定，亦即所謂的逆推知說[62]。然而即使是採用逆推知說的方式，也必須注意到所謂國際管轄權的性質，與土地管轄應有所區別，所謂的

Clunet, 1958, p. 1016, note A. Ponsard）則發展出所謂的雙重單面法則方式：即先以法國法審查外國法院判決有無違反法國專屬管轄之規定（第一重內國的單面法則），在排除違反的可能後，再依照外國判決國之直接管轄權原則審查該判決有無違反之情事（第二重外國的單面法則），不過這種方式嗣後並未受到法國學界與實務界的青睞。其他並請參考F. Monéger, "Droit international privé", *Litec*, 2001, n°590.

[61] 蔡華凱，國際裁判管轄總論之研究——以財產關係訴訟為中心，前揭註43，頁16，註20參照。實則此一問題涵蓋面甚廣，亦牽涉到我國民事訴訟法第402條第1款「管轄權」一詞之解釋問題，本文囿於篇幅，故不繼續深論。

[62] 德國稱之為「二重機能理論」（Doppelfunktionalität der örtlichen Zuständigkeit），參考蔡華凱，國際裁判管轄總論之研究——以財產關係訴訟為中心，前揭註43，頁17。

逆推知只是方法上的類推適用，而非代表國際管轄權即為土地管轄[63]。

　　也因此，如何類推適用與斟酌國內民事訴訟法之概念，即成為這些國家司法機關判斷標準上時常困擾的問題。例如專屬管轄的概念，在國內法體系中，由於價值系統一致，因此對於何等事項應由何法院為專屬管轄，統一交由立法規定，並不會產生問題。然而在國際間，各國法律體系與價值觀點差異甚大，對於何種事件應為專屬管轄，未必有一致的看法。因此內國法上關於專屬管轄之規定，是否得以毫無保留適用在涉外事件中，即成疑問[64]。

　　此外，鑑於各國均有其各自的國際管轄權標準，而互不相屬，則當案件在各國間發生管轄權衝突的情形時，應如何解決，即成問題。例如於管轄權消極衝突的場合，亦即內國法院認為對該涉外案件無管轄權，而又無外國法院對該案件認為具有管轄權者，將構成國際的「拒絕正義」（déni de justice）問題[65]；又如管轄權積極衝突之情形，就同一訴訟案件，同一當事人分別在各國起訴，而各國法院均受理案件之情形，這類國際

---

[63] P. Mayer et V. Heuzé, "Droit international privé", n°284.

[64] 陳長文，外國判決之承認——從歐盟「布魯塞爾判決公約」及美國「對外法律關係新編」評析民事訴訟法第四○二條，前揭註55，頁113以下。

[65] 即使以不便利法庭原則作為法院拒絕管轄之基礎者，亦僅得於受訴法院確信原告在其他法院能獲得與受訴法院實質上之相同救濟之情形下，始得為之。劉鐵錚，論國際管轄權衝突之防止，前揭註16，頁257-276（特別在頁265）。其他相關資料並請參考林益山，國際私法與實例解說，前揭註3，頁119以下；陳啟垂，英美法上「法院不便利原則」的引進——涉外民事法律適用法修正草案第10條「不便管轄」的評論，台灣本土法學雜誌，第30期，2002年1月，頁51-60。

訴訟管轄合併（connexité internationale）或國際訴訟管轄競合
（litispendance internationale）等問題，因為各國主權獨立，得
各自以其司法機關平行地進行案件之審理，故與國內法上之訴訟
合併及訴訟競合之性質又不相同。

（二）一般的原則

　　如前所述，關於國際管轄權之問題既具有特殊性，對於國際
管轄權之標準，除了透過判決先例意見的補充之外，另一種則是
以立法的方式，直接對於國際管轄權標準作出明確之規定[66]。

　　國際私法學與國際民事訴訟法學在國際管轄權理論上的觀點
雖非完全一致，但二者間並非不能調和。總體地說，此二學科
之學者咸認國際管轄權問題具有其特殊性，而不得單純以國內
法之管轄標準視之。因此，在建構國際管轄權理論之同時，自應
將這種特殊性質獨立出來，以作為判斷法院管轄權是否具備之基
礎。

　　歸納國際管轄權的一般原則，在案件的普通審判籍[67]部分，

---

[66] 例如我國民事訴訟法新修正第182條之2：「當事人就已繫屬於外國法院之事件
　　更行起訴，如有相當理由足認該事件之外國法院判決在中華民國有承認其效力
　　之可能，並於被告在外國應訴無重大不便者，法院得在外國法院判決確定前，
　　以裁定停止訴訟程序……。」即為針對國際管轄競合問題所為之明確立法規
　　定。本條規定符合國際管轄權潮流，實值肯定。相關資料並請參考陳駿賦，前
　　揭註32，頁107-109。

[67] 審判籍為國內民事訴訟法之概念，此一名詞乃因襲於日本翻譯而來，係指「法
　　院與事件間之審理關係」（使用「籍」一詞，猶如戶「籍」，乃強調連結關係
　　之意），陳榮宗、林慶苗，民事訴訟法（上），前揭註1，頁131參照。為便於
　　解釋國際管轄權標準之概念層次，並調和國際民事訴訟法學與國際私法學之理
　　論歧異，本文亦借用此一概念為理論之說明。

源於國內法管轄概念的「以原就被原則」，雖然亦被運用在國際管轄權標準之中，但這項原則也作了相當的修正：特別是在原告與被告訴訟地位不平等時，基於公義與衡平雙方當事人利益的考慮，以原就被原則即應被法院適度地彈性運用[68]。

此外，在非僅以土地連結因素（例如被告住所地）為普通審判籍之國家，例如法國民法第14條、第15條以法國國籍作為國際管轄權標準的判斷規定，尚有首要管轄權（chef de compétence）原則與輔助管轄權原則之問題。易言之，作為判斷內國法院對案件是否有國際管轄權之標準，應以被告住所地（或慣居地）作為首要考慮，其次才依照當事人是否擁有內國國籍作為輔助之考慮，此一原則已於1985年由法國最高法院確立[69]。

以原就被原則在合意管轄與專屬管轄的情形，亦被排除。前者在不違反法庭地的公共政策與專屬管轄之規定，並且無規避管轄之情事時，事實上具有排他之效力，後者則是多出於執行的便利性考慮，所為之特別規定[70]。

---

[68] 例如歐體管轄規則I（44/2001規則）第20條第1款規定，僱用人僅得於受僱人住所地國提起訴訟。請參考許耀明，法國國際私法上之國際管轄權決定原則：以涉外勞動契約之國際管轄權決定為例，興大法學，第1期，2007年5月，頁119-157。

[69] 此一解釋不僅擴張了法國法院對於國際管轄權標準之認定範圍，並附帶地提高了外國判決被法國法院承認的機會。Cass. civ., 19 novembre 1985, Cognac and Brandies from France, *RCDIP*, 1986, p. 712, note Y. Lequette; Clunet 1986, p. 719, note A. Huet; Dalloz, 1986, p. 362, note Prévault; *grands* arrets, n°71.

[70] 例如布魯塞爾公約第5節第16條以下之規定，顯然均係基於實效性原則的考慮，與內國法基於公共政策之考慮基礎不同。

　　無論如何，以原就被原則目前已成為法院在國際管轄權標準
上的一項普遍價值，並為英美、大陸兩大法系的司法系統所援
用。至於與普通審判籍相對之特別審判籍，則應視各涉外訴訟案
件性質之差異，而分別建構其判斷基準。

參、比利時國際私法新法典：歸納與創新

　　國際管轄權理論系統具有其特殊性，已如前述。那麼基於這
種特殊性的認知所建立的國際管轄權標準，是否已經有典範可
尋？

　　在區域性的公約中（例如1968年的布魯塞爾公約、1988年
的盧加諾公約），我們可以發現國際管轄權標準整合工作進行幾
無阻礙。主要是因為這些區域公約的締約國間司法體系與價值
標準相當地協調一致，以至於在國際管轄權的協調上沒有遭遇到
太大的困難。然而，如果將這類區域性的公約放大到國際社會
中，則會發現有許多掣肘之處：不僅是因為各國的司法體系對於
管轄問題的難以調和，更是基於一些根本的問題，例如對於司法
機關的觀感與功能的看法，大陸法系與英美法系的學者即有著相
當的差異性[71]。

　　這也解釋了為什麼海牙國際私法會議在其提案制定「民事及

---

[71] A. T. Von Mehren, "La rédaction d'une convention universellement acceptable sur la
compétence judiciaire internationale et les effets des jugements étrangers: Le projet de
la Conférénce de La Haye peut-il aboutir?", *RCDIP*, 2001, pp. 85-99.

商事之裁判管轄暨外國判決之承認與執行公約準備草案」時，一再遭遇困難的原因。也因此，一個屬於真正「普世的」國際管轄權的公約到目前為止還是沒有出現。國際上的現實仍是各國自行其所認知的國際管轄權標準：儘管此一標準或多或少地受到區域公約的修正或影響。

　　比利時新國際私法法典的制定，就是一個極佳的參考例子。就區域公約而言，比利時為歐盟會員國，並且為1968年布魯塞爾公約之締約國，其應遵守區域公約與歐盟規則之規範，自不待言。而另一方面，比利時所通過之國際私法新法典中，亦對於國際管轄權標準一併予以立法規定。是以，夾處於傳統的個別主義觀與新潮流的區域公約規定間，新法典的國際管轄權規範，自可益見其獨特之處。

　　以下即就新法典之國際管轄權理論系統結構內容，以及相關理論之創新規定等，為進一步之闡述。

一、國際管轄權理論系統結構之建立

　　觀察新法典之國際管轄權理論結構，可先就其規範的形式說明，其次就其實質之規定內容，分為一般原則（普通審判籍）與個別領域（特別審判籍）兩部分討論。

（一）立法體裁

　　從立法的體裁觀之，毫無疑問地，新法典受到瑞士1989年國際私法法典影響甚深。在新法典草案制定之初，比利時學者

Michel Verwilghen即在法國國際私法工作委員會[72]（Travaux du Comité français de droit international privé）的會議中表示，新法典的主要法源來自於瑞士法，在立法體裁亦仿效瑞士法的編排與分類。

　　新法典中有關國際管轄權之規定，可分為兩大部分：即一般原則之管轄權規定，與個別領域之管轄權規定。在一般原則的部分，新法典第2條即明確地界定了其規範的範圍：在比利時所簽訂之公約與歐盟所頒布之條文規定之外，有關國際地位狀態、比利時司法管轄權、決定案件準據法與承認外國民事與商事判決效力等，均為新法典所規範之對象。

　　從第1章第4節第5條開始，至同節第14條止，為國際管轄權（直接的管轄權）的總則規定。自第6節第22條開始至同節第31條止，則為外國法院判決與外國公文書承認、效力與執行之規定（間接的管轄權）[73]。其中第25條第2項特別明文規定對於外國法院的判決不作實質審查，而僅在同條第1項所列之九款情形發生時[74]，例外地不予承認外國法院判決之效力。在立法形式

---

[72] 法國國際私法工作委員會為一國際性組織，主要由從事國際私法工作之學術界與實務界人員組成，每年定期討論並出版相關會議紀錄，十分具有參考價值。M. Verwilghen, "Vers un Code Belge de droit international privé", *Trav. Com. Fr. DIP*, éd., A. Pedone, Paris, 2001, pp. 123-167.

[73] 其中，新法典第10條並規定了在緊急的情形下，即使依本法比利時法院對訴訟請求不得受理，比利時法院仍得准許為假執行或其他保全處分。

[74] 第25條所定九款事由為：1.承認外國判決效力或宣告得為執行該外國判決將明顯地與公共秩序有所違背，這種違背特別必須考慮外國判決與比利時法律制度間的連繫情形，以及其所造成之重大效果；2.違反防禦權時；3.當事人不得自由處分其權利，卻以該外國判決迴避本法所指定應適用之法律時；4.欠缺外國法

上，新法典清楚地區分了直接管轄權與間接管轄權的各自獨立規定。新法典僅就比利時法院是否承認或執行外國判決效力為規定，對於外國法院之判決是否具有管轄權（直接的管轄權）並不置問，其立法的觀點是個別主義式的，核與國際私法學之管轄權主流理論相應一致，在間接的管轄權部分，其建構之判斷標準則是基於效力原則（principe d'effectivité）與簡化性原則（principe de simplicité）的考慮[75]。

在個別領域之管轄權部分，屬人法事項中，第32條關於人之能力與身分狀態，第33條關於親權、監護與保護無行為能力人，第36條關於人之姓名，第40條關於失蹤人宣告，第42條關於婚姻關係，第59條關於共同生活，第61條關於親子關係，第66條關於收養之宣告、更改、撤銷與審查，第75條關於扶養，第77條關於繼承等均設有國際管轄權標準之規定。此外，第43條並對於離婚、分居與婚姻效力設有延伸管轄權之規定，而第44條則是規定了比利時機關對於婚姻舉行之國際管轄權。

財產法事項中，第85條關於動產，第86條關於智慧財產，第96條關於契約之債與非契約之債，第97條關於消費者與工作關係等，亦均有國際管轄權之規定。法人的部分規定則見於第

院之既判力效果者；5.與前已經比利時司法機關所為之判決，或外國司法機關所為，受比利時法院承認之判決無法協調者；6.在比利時起訴請求後，同一當事人又在外國就同一訴訟標的起訴者；7.僅比利時司法對該起訴之請求具有管轄權者；8.外國判決之管轄權基礎係僅依被告應訴，或財產與訴訟審理國無直接關係者；9.承認或宣告執行外國法院判決將牴觸本法第39、57、72、95、115及121條之特別規定者。

[75] J-V Carlier, *op. cit.*, p. 25.

109條。其他如國際破產（無資力人宣告）程序（第118條）與信託（第123條）的國際管轄權部分，也有詳細的規定。

　　相對於直接的管轄權，新法典對於間接管轄權的規定在數量上則要少得多。除了前述的總則規定以外，分則部分僅在第57條（休妻之外國公文書效力）、第65條（親子關係承認外國文書之效力）、第72條（外國成立之收養判決或公文書）、第95條（工業財產權外國判決效力）、第115條（外國法院關於法人效力、作用、解散與清算之判決效力）、第121條（外國法院關於無資力人之判決效力）有所規定。

（二）一般原則（普通審判籍）

　　在國際管轄權的一般原則部分，新法典規定若起訴時被告在比利時境內有住所或習慣居所（résidence habituelle）者，比利時法院即對訴訟案件具有管轄權（第5條第1項第1段）。如被告有數人時，只要其中一人在比利時境內有住所或習慣居所，除了請求僅得以傳喚外國之住所地或慣居所以外之被告始得成立者，比利時法院對其均具有管轄權（第5條第1項第2段）。此外在法人的部分，即使法人在比利時並無住所或習慣居所，但起訴時若該法人有第二事務所（établissement secondaire）位於比利時境內時，比利時法院對於探究該法人是否具有此第二事務所之所有訴訟請求，亦具有國際管轄權[76]（第5條第2項）。

---

[76]　Art. 5 § 1er. les cas ou la présente loi en dispose autrement, les juridictions belges sont compétentes si le défendeur est domicilié ou a sa résidence habituelle en Belgique lors de l'introduction de la demande.

　　因此，被告之慣居地與住所地為新法典國際管轄權標準之一般原則。而對於所謂「習慣居所」的概念，受到海牙公約之影響，新法典將之定義於第4條第2項，認為習慣居所應該包括以下幾個要件：

　　1.為自然人之主要定居地，無論是准許停留或定居，即使其欠缺一切之登記。至於判斷是否為習慣居所，則必須特別考慮個人之特別情事，或職業所顯現與地方之一定時間的連繫關係，或是當事人與這些連繫關係間的連結意願，始足當之。

　　2.法人，以其主要事務所地為習慣居所地[77]。

　　對於一般原則的例外情形，除了其後各章中有個別規定外，新法典並規定了管轄權一般原則的擴張（第6條）與管轄權

S'il y a plusieurs défendeurs, les juridictions belges sont compétentes si l'un d'eux est domicilié ou a sa résidence habituelle en Belgique, à moins que la demande n'ait été formée que pour traduire un défendeur hors de la juridiction de son domicile ou de sa résidence habituelle à l'étranger.

§ 2. Les juridictions belges sont également compétentes pour connaître de toute demande concernant l'exploitation de l'etablissement secondaire d'une personne morale n'ayant ni domicile ni résidence habituelle en Belgique, lorsque cet etablissement est situe en Belgique lors de l'introduction de la demande.

[77] Art. 4 § 2. Pour l'application de la présente loi, la résidence habituelle se comprend comme:

1° le lieu où une personne physique s'est établie à titre principal, même en l'absence de tout enregistrement et indépendamment d'une autorisation de séjourner ou de s'établir; pour déterminer ce lieu, il est tenu compte, en particulier, de circonstances de nature personnelle ou professionnelle qui révèlent des liens durables avec ce lieu ou la volonté de nouer de tels liens;

2° le lieu ou une personne morale a son établissement principal.

一般原則的違反（第7條）等條文。前者係指當事人合意比利時法院管轄，以及被告應訴管轄[78]等情形；後者則主要在於當事人得以合意違反此項一般原則之規定（即合意管轄排除一般管轄原則）。

　　對於合意管轄，新法典規定必須符合兩項條件，首先是必須是當事人依比利時法可以自由處分其權利的訴訟事項；其次是無論為訴訟前或訴訟時之合意均可，但必須為有效的約定[79]。一旦當事人合意由比利時法院管轄，比利時法院對本案即有專屬管轄權[80]。而若當事人合意將訴訟提交外國法院管轄，於比利時法院受理其中一案時，除了比利時法院預見外國判決不能在比利時被承認或執行，或如果比利時司法機關依照第11條規定有「例外管轄權」的情形以外，比利時法院「應」對該案延遲判決。相反地，當外國判決依照新法典規定可受承認時，比利時法院對該訴訟案件即為不受理（第7條）[81]。而對於國際管轄權的

---

[78] 但是若被告係為抗辯法院無管轄權而出庭者，無應訴管轄之適用（第6條第1項第2段）。

[79] 至於此項合意管轄之約定是否需以書面為之，新法典並無明文，其對此一形式問題保留了彈性的空間。

[80] Art. 6 § 1er. Lorsque les parties, en une matiere où elles disposent librement de leurs droits en vertu du droit belge, sont convenues valablement, pour connaitre des différends nés ou à naître à l'occasion d'un rapport de droit, de la compétence des juridictions belges ou de l'une d'elles, celles-ci sont seules compétentes.

[81] Art. 7 Lorsque les parties, en une matiere où elles disposent librement de leurs droits en vertu du droit belge, sont convenues valablement, pour connaître des différends nés ou à naître à l'occasion d'un rapport de droit, de la compétence des juridictions d'un Etat étranger ou de l'une d'elles et qu'un juge belge est saisi, celui-ci doit surseoir à statuer, sauf s'il est prévisible que la décision étrangère ne pourra pas être reconnue

有無，法院得依職權行使調查權（第12條）。

　　同時，新法典在第13條與第23條中分別對於國內管轄（特別管轄）有所規定。第13條第1項規定，原則上由比利時民事訴訟法或其他特別法劃定案件在比利時國內的土地管轄權。立法理由主要目的在於尊重國內強行法規以及公共法規的地位，由內國立法者自行決定土地管轄之法院。比較特別的是同條第2項並規定了，若無適當的法律得對案件建立土地管轄權時，則反致適用新法典之國際管轄權規範[82]；若新法典的國際管轄權規範並無決定土地管轄權時[83]，則以布魯塞爾行政區法院作為案件的國內管轄法院[84]。

---

ou exécutée en Belgique ou si les juridictions belges sont compétentes en vertu de l'article 11. Il se dessaisit lorsque la décision étrangère est susceptible d'être reconnue en vertu de la présente loi.

[82] 例如離婚事件中依照新法典的規定，因原告在比利時有習慣居所，因而認比利時法院有國際管轄權；但依照比利時民事訴訟法規定，該事件卻應由當事人最後共同居住地之法院管轄的情形。此時土地管轄與國際管轄的標準有所差異，而無適當的規定得對案件建立土地管轄，依照新法典之規定即應反致適用新法典的國際管轄權規定，以原告在比利時之習慣居所地法院作為本案之管轄法院。A. Nuyts, "Le nouveau droit international privé Belge: Compétence judiciaire", *J. Tri.*, 12 mars 2005, n°6173, p. 180.

[83] 例如國際管轄權的判斷是以當事人之國籍，而本案中無其他地理因素與比利時有所連結時。

[84] Art. 6 Lorsque les juridictions belges sont compétentes en vertu de la présente loi, la compétence d'attribution et la compétence territoriale sont déterminees par les dispositions pertinentes du Code judiciaire ou de lois particulieres, sauf dans le cas prévu à l'article 23.

Toutefois, à défaut de dispositions susceptibles de fonder la competence territoriale, celle-ci est déterminee par les dispositions de la présente loi concernant la compétence internationale. Lorsque ces dispositions ne permettent pas de déterminer la

新法典的這項設計，顯見其細膩之處，可謂兼顧並調和了一般管轄與特別管轄的特性，十分值得我國參考。

（三）個別領域（特別審判籍）

新法典從第2章以下，將各種法律類型編排歸納，於每一章節中將國際管轄權規則置於條文最前部，為明確之規範。本文將這些個別規定，分為屬人法事項、非屬人法事項兩大部分說明如次。

屬人法事項部分，其國際管轄權之主要判斷，均以「習慣居所」作為主要的管轄權認定基準。因此，在自然人的能力與身分狀態方面，新法典即以被告在起訴時於比利時具有習慣居所，作為比利時法院判斷案件具有國際管轄權之主要依據。至於比利時國籍部分，則退居為次要輔助原則（第32條）。

在自然人姓名事項部分，如當事人在起訴時於比利時有習慣居所，或具有比利時國籍者，比利時法院對所有關於自然人姓名之決定之訴訟請求，即具有國際管轄權（第36條）。

自然人失蹤時，對於失蹤之效力與判斷，如失蹤人為比利時人，或其在失蹤時於比利時有習慣居所，或關於自然人失蹤之請求為有關於失蹤人於訴訟提起時在比利時之財產者，比利時法院對訴訟請求即具有國際管轄權（第40條）。

在婚姻關係部分，有關婚姻之效力、夫妻財產制、離婚與

---

compétence territoriale, la demande peut être portée devant le juge de l'arrondissement de Bruxelles.

分居等請求，若配偶一方於起訴時在比利時有習慣居所，或配偶最後共同習慣居所在起訴前已經位於比利時至少12個月，或原告配偶在起訴前已在比利時有至少12個月的習慣居所，或起訴時雙方均為比利時人者，比利時法院對該訴訟請求即有國際管轄權（第42條）。新法典的規定顯見是受到了布魯塞爾二號（Bruxelles II）公約[85]，以及歐洲人權公約第12條的影響，所為的折衷式規定[86]。

　　新法典在新的社會身分關係類型上，亦有此類事件之國際管轄權規定。第59條對於「共同生活關係」明文類推適用第42條之規定。同條第2段及第3段並規定，在比利時之共同生活關係，其締結登記僅當事人在締結時於比利時有共同之習慣居所者，其終止登記僅當締結登記在比利時所為者，始得於比利時為之。

　　親子關係部分，自然血親方面以孩童在起訴時於比利時境內有習慣居所者，作為比利時法院具有國際管轄權之主要標準。擬制血親方面，若收養者、共同收養者其中之一或被收養人具有比利時國籍，或起訴時其有習慣居所在比利時者，比利時法院對收養宣告即有國際管轄權（第66條）。

　　扶養請求部分，若扶養人於起訴時在比利時有習慣居所，或其起訴時具有比利時國籍者，比利時法院對該扶養請求訴訟事件，即具有國際管轄權（第73條）。

---

[85] 即現行2000年5月29日歐盟第1347/2000號規則。

[86] J-V Carlier, *op. cit.*, p. 29. 新法典第44條並罕見地一併規定了比利時行政機關對於婚姻舉行的管轄權。

　　繼承請求部分，如被繼承人於繼承開始時在比利時有習慣居所，或繼承之請求在訴訟時係對位於比利時之繼承財產而為者，比利時法院對該繼承請求訴訟事件，即具有國際管轄權（第77條）。

　　非屬人法事項部分，新法典之國際首要管轄權（chef de compétence internationale）規定則是非常傳統，在物權方面，以財產所在地；在因物權所生之債方面，以債務人訴訟時在比利時具有習慣居所，作為國際管轄權之判斷基準（第85條）。

　　工業財產權的部分，則以訴訟請求係針對在比利時境內之工業財產權保護為限，比利時法院對之有國際管轄權。其他一切對工業財產權之登載、地域效力註冊或登記等請求，則在登記之請求在比利時為有效，或依照國際公約該登記將被認為是有效的情形下，比利時法院始有國際管轄權（第86條）。

　　關於契約所生之債，則以契約訂定地或履行地作為比利時法院有無國際管轄權之判斷基準（第96條第1款）。因損害事實衍生之債（une obligation dérivant d'un fait dommageable），則以一部或全部事實發生地、損害威脅地或損害發生地在比利時境內時，比利時法院有國際管轄權（第96條第2款）。準契約所生之債，則以債之發生事實位於比利時境內時，比利時法院有國際管轄權。

　　對於消費者契約爭議，除前述第96條之規定外，當消費者在比利時境內完成必要的締約行為，並在締約當時於比利時有習慣居所，或在比利時境內透過廣告或提供之商品或服務，消費者在訂購當時於比利時境內有習慣居所者，比利時法院有國際管轄

權（第97條第1項）。

在個人勞動契約關係部分，亦適用第96條有關契約履行地之規定。所謂契約履行地則是指勞動者慣行之工作地係位於比利時而言（第97條第2項）。從這裡我們可以發現，新法典規定消費者契約與勞動契約不受其普通審判籍規定之限制，以保障弱勢的一方當事人。對於這兩種契約，即使在爭議發生後雙方當事人合意約定由其他國家法院管轄，該約定對比利時法院而言亦不生效力（第97條第3項）。

法人方面，關於法人的效力、作用、解散與清算等請求，以該法人於起訴時在比利時境內有主事務所或法定處所為限，比利時法院對之有國際管轄權（第109條）。

在國際破產程序部分，除了依照歐盟2000年5月29日頒布之第1346/2000/CE號關於無資力宣告程序規則第3條之規定，定其管轄權以外，在以下的情形，比利時法院對該無資力宣告請求亦具有國際管轄權（第118條）：

1. 開始進行主要程序（procédure principale）方面：當法人之主事務所、法定處所位於比利時，或自然人之住所位於比利時者。

2. 開始進行地域程序（procédure territoriale）方面：債務人有機構在比利時者。

最後，為國際信託的部分，除了普通審判籍規定以外，新法典第123條並規定有關信託創設人、受託人及信託受益人之關係之一切訴訟請求，如信託係在比利時境內為管理，或請求係有關訴訟時在比利時之信託財產者，比利時法院即對之有國際管轄

權。信託文書上之國際管轄權分配記載，亦類推適用新法典中合意管轄與應訴管轄之規定（同條第2項）[87]。

二、國際管轄權理論概念之創新

新法典雖然在立法的考慮上，一方面匯整了傳統以來的比利時法院見解與學說上之國際管轄權理論，另一方面受到外國立法例與學說意見的影響，亦同時引進了一些創新的概念，其銳意革新的程度，在法語系國家中甚為罕見[88]。以下即就新法典中最為特殊的三項國際管轄權規定：國際管轄權的特別分配、國際訴訟管轄合併與國際訴訟管轄競合等，分別說明。

（一）國際管轄權的特別分配

新法典第11條規定：「於本法規定之外，當訴訟顯示與比利時有緊密連繫，而外國法律程序顯示不可能進行，或不能合理

---

[87] Art. 123. § 1er. Les juridictions belges sont compétentes pour connaître de toute demande concernant les relations entre le fondateur, le trustee ou le bénéficiaire d'un trust, outre dans les cas prevus par les dispositions génerales de la présente loi, si:

1° le trust est administré en Belgique; ou

2° la demande concerne des biens situes en Belgique lors de son introduction.

§ 2. Lorsque l'acte constitutif d'un trust attribue compétence aux juridictions belges ou aux juridictions d'un Etat étranger, ou à l'une d'elles, les articles 6 et 7 sont applicables par analogie.

[88] Voir C. Nyssens, "Proposition de loi portant le Code de droit international privé", Annales du Sénat 3-53 du 28 avril 2004, aussi sur internet: http://www.lecdh.be/docparlement/pa2904.htm.

地要求訴訟得於外國提出者，比利時法院例外地有管轄權[89]。」
是項規定，稱之為「國際管轄權的特別分配」（attribution
exceptionnelle de competence internationale）。

　　比利時國際私法立法委員會對於本條特別強調其「特殊
性」，認為法院若欲依照本條規定主張對訴訟具有國際管轄權
時，至少必須證明具備兩項條件：

　　1.依本法比利時法院對訴訟本無國際管轄權，而訴訟又無法
　　　在外國被受理者。

　　2.訴訟與比利時有緊密連繫者。

　　新法典之規定，顯然是受到法國法院「剩餘管轄權」
（compétence résiduelle）理論之影響，而將之進一步地立法明
文化[90]。對於後一項條件，學者認為應當採取較為寬鬆的標準，
以符合本條為防止「拒絕正義」（déni de justice），並配合歐
洲人權公約第6條第1項之訴訟權保障規定的立法意旨[91]。從而，
例如定居在外國之比利時僑民，在無法取得該國之管轄權保護
時，即使其與比利時間僅有國籍之連繫，比利時法院亦得適用本
條之規定，對該僑民之訴訟主張其具有國際管轄權。

---

[89] Art. 11. Nonobstant les autres dispositions de la présente loi, les juridictions belges
sont exceptionnellement compétentes lorsque la cause présente des liens étroits avec
la Belgique et qu'une procédure à l'étranger se révèle impossible ou qu'on ne peut
raisonnablement exiger que la demande soit formée à l'étranger.

[90] Y. Loussouarn, P. Bourel et P. de Vareilles-Sommieres, *op.cit.*, No. 451; P. Mayer et V.
Heuzé, *op. cit.*, n°288.

[91] A. Nuyts, *op. cit.*, p. 179.

（二）國際訴訟管轄合併

　　在國際訴訟中，原則上並無所謂的訴訟合併問題。各國應該按照其各自之程序規定，分開平行地進行訴訟，此一現象在國際私法學上稱為「平行訴訟」（parallel proceedings）。然而，這種平行進行訴訟的情形卻隱含可能發生各自判決結果歧異之危險。基於避免訴訟因分別進行使得裁判產生歧異，造成日後執行上的困難，新法典第9條特別對於這種國際管轄訴訟合併現象，作出明文規定：「當比利時司法機關對於其中之一訴訟請求具有管轄權時，其同時亦承認他項與該訴訟法律關係具有密切牽連，且對之有審理利益，並為避免判決結果因訴訟分別進行而無法協調之訴訟請求具有管轄權[92]。」

　　新法典之規定，明顯是受到1968年布魯塞爾公約第22條規定之影響，其用語與適用的條件也幾乎一致。但有一點與公約存在的差異為，本條的規定是作為管轄權之一般原則為比利時法院所適用，而非如公約將之作為一項例外規定適用。也因此根據本條之規定，無論法院是基於新法典之任何一項規定認為對其中之一個訴訟案件具有管轄權，只要他項案件與該訴訟案件具有該條所述之密切牽連關係，有審理之利益並有判決歧異無法協調之可能時，比利時法院即得認兩訴具有關聯性，而擴張其管轄權範

---

[92] Art. 9. Lorsque les juridictions belges sont compétentes pour connaître d'une demande, elles le sont également pour connaître d'une demande qui y est liée par un rapport si étroit qu'il y a intérêt à instruire et à juger celles-ci en même temps afin d'éviter des solutions qui pourraient être inconciliables si les causes étaient jugées séparément.

圍，將兩訴一併審理[93]。

（三）國際訴訟管轄競合

在新法典通過之前，比利時法院並不承認所謂的「先繫屬優先例外」（exception de litispendance）原則。亦即對比利時法院而言，涉外案件不存在所謂的管轄競合問題：各國均得依照其各自之國內法規定，對同一訴訟事件平行地進行審理。

然而，新法典卻一反傳統的法院意見，改採法國的「先繫屬優先例外」理論，在第14條中規定：「當一項訴訟請求在外國司法機關進行，而可以預見外國法院判決將在比利時被承認與執行時，受理案件在後之比利時法官，就同一當事人之同一標的之同一訴訟案件，得延遲判決，直到外國法院宣判為止。比利時法官考慮訴訟圓滑進行，並當外國法院判決依本法可受承認時，諭知不受理[94]。」

分析第14條授與比利時法官延遲判決之權利，總共有三個要件。首先，法官必須要判斷繫屬於本國與外國之訴訟案件，是否為同一當事人、同一標的之案件[95]；其次，法官必須判斷在外

---

[93] A. Nuyts, *ibid.*

[94] Art. 14. Lorsqu'une demande est pendante devant une juridiction étrangère et qu'il est prévisible que la décision étrangère sera susceptible de reconnaissance ou d'exécution en Belgique, le juge belge saisi en second lieu d'une demande entre les mêmes parties ayant le même objet et la même cause, peut surseoir à statuer jusqu'au prononcé de la décision étrangère. Il tient compte des exigences d'une bonne administration de la justice. Il se dessaisit lorsque la décision étrangère est susceptible d'être reconnue en vertu de la présente loi.

[95] 國際管轄訴訟競合的問題往往與既判力問題相連繫，性質上橫跨了直接的管

國的判決部分，是否可預期在比利時被承認與執行[96]；最後，則是有關訴訟繫屬先後次序的問題，此一問題較為複雜，因為各國對於訴訟何時繫屬，均有不同之規定，訴訟繫屬時點應該如何判斷，可能會有爭議[97]。比利時學者對此有主張依照比利時民事訴訟法定訴訟繫屬之時者，易言之，其係以原告提出訴狀於法院之時，為訴訟繫屬時[98]。

此外，本條之規定，應認為僅係給予法官在國際管轄競合的情形發生時，擁有自主裁量是否延遲判決之權力，而並非拘束法官「必須」為案件之延遲判決[99]。在某個方面來說，本條之規定

轄權與間接的管轄權兩個領域。對於先後繫屬於不同國家之同一案件，由於各國間實體法與程序法規定不一致，使得關於「同一案件」之辨別問題益顯複雜。法國學者對此有主張應注意此一問題之特殊性，不得僅以國內法之概念作為判斷標準者：H. Gaudemet-Tallon, "La litispendance internationale dans la jurisprudence francaise", *Mél. dédiés à Dominique Holleaux*, Paris, *Litec* 1990, p. 121; Y. Loussouarn, P. Bourel et P. de Vareilles-Sommières, *op. cit.*, No. 490-3, 490-4.

[96] 由此可知，新法典並非單純採取德國之「承認預測說」見解。有關國際訴訟競合之處理，請參考賴淳良，外國法院訴訟繫屬在內國之效力，收錄於國際私法論文集，五南，1996年9月初版，頁227-257；陳榮宗，國際民事訴訟之法律問題，法學叢刊，第162期，1996年4月，頁1-13。

[97] 雖然此一問題在歐體管轄規則I（44/2001規則）第30條以同一規定獲得解決，但該規定僅在歐盟成員國間得以適用，這種歐體法標準在一般法（droit commun）的領域中是否亦得援以同一規定與解釋，仍有待斟酌。

[98] A. Nuyts, *op. cit.*, p. 179.

[99] C. Nyssens, *op. cit.* 另參考瑞士國際私法法典第9條之規定：「Lorsqu'une action ayant le même objet est déjà pendante entre les mêmes parties a l'étranger, le tribunal suisse suspend la cause s'il est à prévoir que la juridiction étrangère rendra, dans un délai convenable, une décision pouvant être reconnue en Suisse.」我國學者將之翻譯為：「當牽涉同一訴訟客體之案件，已在他國繫屬於相同當事人間，如瑞士法院可以預期該外國法院，在合理期間內，可以作成瑞士所承認之判決時，瑞士法院應停止在瑞士之起訴程序。」若就中文翻譯觀之，似乎瑞士法較比利時

與英美法上之「不方便法庭」原則之功能，有相通之處。[100]

肆、結　論

　　無論是國際私法學或是國際民事訴訟法學，對於國際管轄權的共同看法是承認其理論上的特殊性與獨立性，在此一基礎上，主張應當將國際管轄權理論予以精緻化，以維護當事人在訴訟上應受保護之權益。

　　對大陸法系的國家而言，國際私法法典化顯然是一項難以阻遏的趨勢，這主要是因為大陸法系的法院在程序操作上的習慣使然。比利時國際私法法典的制定，即是證明了法典化對於司法實務工作者的重要性：至少，從實用的觀點來說，法典化可以促成法官在面對複雜的涉外案件適用法律時注意到他可能忽略的細節，如果法典化的設計得宜，對於國際私法理論的落實亦將為一大助力。

　　比利時國際私法法典將國際私法學上之管轄權理論，融合了國際民事訴訟法學的原理，不但就直接的管轄權類型與原則明文羅列，同時亦全面承認外國法院判決之效力，並就間接的一般管轄作完整而詳細的規定。從國際管轄權理論的完整性來說，比

法的規定要更積極得多，然若就法條原文觀之，似難謂瑞士法院有此一停止訴訟程序之義務。中文翻譯部分，參照劉鐵錚等著，瑞士新國際私法之研究，三民，1991年10月初版，頁14-15。

[100] A. Nuyts, *ibid.*

利時國際私法法典確係為難得的典範，十分值得我國借鏡。

　　如果未來國際私法法典化在我國亦為主流趨勢，則我國的國際私法學者即不應僅滿足於現行涉外民事法律適用法之法律衝突／適用結構，而應當更擴大法典化的範圍，將國際管轄權規範部分納入一併立法。這主要是因為僅依靠國內民事訴訟法之規定，不足以解決涉外案件的管轄問題。而若將國際管轄權納入民事訴訟法專章處理，又可能面臨立法技術過於繁瑣與相關概念混淆等問題。最簡便明確的方式，或許是效法比利時新法典，就各種法律類型明文規定其國際管轄權與準據法之適用，將抽象的國際私法理論，具體適用在涉外案件之中。

　　從而，將國際私法學者對於國際管轄權理論的理解，透過法典化的方式加以落實，或許要比將此一問題放任由司法實務者形成先例（或是一團混亂）要來的有效率得多。實用主義者的那句：「有用者為真」（What works is true），若換成「有法典者為真」（What codes is true），不亦宜乎？

參考文獻

中文部分

王毓英，國際私法，上海商務印書館，1932年。

何適，國際私法，聯合書店，1978年。

李後政，外國法院確定裁判之承認要件及效力之問題，收錄於國
　　際私法論文集，五南，1996年9月一刷，頁170。

李後政，涉外民事事件之當事人適格問題——最高法院八十三年
　　度台上字第一六九號、八十六年度台上字第三七八九號判決
　　評釋，台灣本土法學雜誌，第22期，2001年5月，頁73。

林大洋、林信明合著，論國際裁判管轄權，中律會訊，第7卷第
　　5期，2005年2月，頁17。

林秀雄，國際裁判管轄權：以財產關係案件為中心，收錄於國
　　際私法理論與實踐（一），劉鐵錚教授六秩華誕祝壽論文
　　集，學林，1998年版，頁120。

林恩瑋，大陸法系國際私法選法理論方法論之簡短回顧，法令月
　　刊，第56卷第3期，2005年3月，頁37。

林益山，國際私法與實例解說，台北大學法學叢書，2004年12
　　月修訂4版。

邱聯恭，司法之現代化與程序法，三民，1997年3月版。

柯澤東，國際私法，元照，2004年10月2版三刷。

洪應灶，國際私法，中國文化大學，1988年4版。

徐維良，國際裁判管轄權之基礎理論，法學叢刊，第183期，

2001年7月，頁69。

馬漢寶，國際私法（總論各論），2004年版。

馬漢寶編，國際私法論文集，五南，1996年9月。

國際私法理論與實踐（一）：劉鐵錚教授六秩華誕祝壽論文集，學林，1998年版。

陳忠五，美國懲罰性賠償金判決在法國之承認及執行，收錄於美國懲罰性賠償金判決之承認及執行合集，學林，2004年12月，頁71。

陳長文，外國判決之承認──從歐盟「布魯塞爾判決公約」及美國「對外法律關係新編」評析民事訴訟法第四〇二條，收錄於國際私法理論與實踐（一），劉鐵錚教授六秩華誕祝壽論文集，學林，1998年版，頁214。

陳啟垂，以缺乏國際管轄權為上訴理由，法學叢刊，第186期，頁1。

陳啟垂，民事訴訟之國際管轄權，法學叢刊，第166期，頁75。

陳啟垂，英美法上「法院不便利原則」的引進──涉外民事法律適用法修正草案第十條「不便管轄」的評論，台灣本土法學雜誌，第30期，2002年1月，頁51。

陳啟垂，審判權，國際管轄權與訴訟途徑，法學叢刊，第189期，頁27。

陳隆修，國際私法管轄權評論，五南，1986年版。

陳榮宗，國際民事訴訟之法律問題，法學叢刊，第143期，1991年7月，頁25。

陳榮宗，國際民事訴訟之法律問題，法學叢刊，第162期，1996

年4月，頁1-13。

陳榮宗、林慶苗合著，民事訴訟法（上），三民，2005年1月修正4版一刷。

陳聰富等著，美國懲罰性賠償金判決之承認及執行合集，學林，2004年12月。

陳駿賦，國際民事訴訟中定性理論與訴訟標的理論之交錯，萬國法律，第132期，2003年12月，頁106。

曾陳明汝，國際私法原理（上集），學林，2003年改訂7版。

劉甲一，國際私法，三民，2001年4月修訂3版四刷。

劉鐵錚，論國際管轄權衝突之防止，收錄於國際私法論叢，國立政治大學法律學系，1991年3月修訂再版，頁257。

劉鐵錚，論國際管轄權衝突之防止，國際私法論叢，1987年修訂初版，頁258。

劉鐵錚，國際私法論叢，政大法學叢書，1987年修訂初版。

劉鐵錚、陳榮傳合著，國際私法論，三民，2004年修訂3版。

劉鐵錚等著，瑞士新國際私法之研究，三民，1991年10月初版。

蔡華凱，侵權行為的國際裁判管轄：歐盟的立法與判例研究，中正法學集刊，第14期，2004年1月，頁243。

蔡華凱，國際裁判管轄總論之研究──以財產關係訴訟為中心，中正法學集刊，第17期，2004年10月，頁1。

盧峻，國際私法之理論與實際，上海中華書局，1934年7月版。

賴來焜，中國大陸地區國際私法之最新發展，收錄於國際私法理論與實踐（一）：劉鐵錚教授六秩華誕祝壽論文集，學

林，1998年版，頁31。

賴來焜，最新國際私法之本質論，法令月刊，第51卷第10期，2000年10月，頁660。

賴來焜，基礎國際私法學，三民，2004年6月版。

賴來焜，當代國際私法學之基礎理論，自刊，2001年版。

賴淳良，外國法院訴訟繫屬在內國之效力，收錄於國際私法論文集，五南，1996年9月初版，頁227。

藍瀛芳，國際私法導論，自刊，1995年版。

蘇遠成，國際私法，五南，2002年10月5版五刷。

外文部分

A. T. Von Mehren, "La rédaction d'une convention universellement acceptable sur la compétence judiciaire internationale et les effets des jugements etrangers: Le projet de la Conference de la Haye peut-il aboutir?", *RCDIP*, 2001, pp. 85-99.

B. Audit, "Droit international privé", *Economica*, 2000, 3ᵉ ed.

B. Audit, "Le droit international privé en quêtc duniversalité", *RCADI*, t. 305 (2003), pp. 9-488, surtout à n°363.

C. Nyssens, "Propostion de loi portant le Code de droit international privé", Annales du Sénat 3-53 du 28 avril 2004.

D. Holleaux, J. Foyer et G. De Geouffre de La Pradelle, "Droit international privé", *Masson*, Paris, 1987.

E. Jayme, "Considération historiques et actuelles sur la codification en droit international privé", *RCADI*, t. 177, p. 9 s.

F. Monéger, "Droit international privé", *Litec*, 2001.

H. Batiffol et P. Lagarde, "Traité de droit international privé", t. 1.,

LGDJ, 8ᵉ éd., n°264.

H. Boularbah, "Le nouveau droit international privé Belge: Origine, objet et structure", *J. Tri.*, 12 mars 2005, n°6173, p. 173.

H. Gaudemet-Tallon, "La litispendance internationale dans la jurisprudence française", *Mél. dédiés à Dominique Holleaux*, Paris, Litec 1990, p. 121.

H. Muir Watt, "La codification en droit international privé", *Droit*, 27, 1998, p. 149.

J-V Carlier, "Le Code belge de droit international privé", *RCDIP*, 94(1) janvier-mars 2005, p. 11, surtout p. 16, à note 11.

M. Verwilghen, "Vers un Code Belge de droit international privé", *Trav. Com. Fr. DIP*, éd. A. Pédone, Paris, 2001, pp. 123-167.

P. Courbe, "Droit international privé", *Armand Colin*, 2ᵉ éd., 2003.

P. Mayer et V. Heuzé, "Droit international privé", *Montchrestien*, 8ᵉ éd., nov. 2004.

P. Mayer, "Droit international privé et droit international public sous l'angle de la notion de competence", *RCDIP*, v. 68 1979, pp. 16-29.

P. Mayer, "droit international privé et droit international public sous l'angle de la notion de compétence (suite)", *RCDIP*, v. 69 1979, p. 349.

Ph. Francescakis, "Le contrôle ou la compétence du juge étranger après l'arret Simitch de la Cour de cassation", *RCDIP*, 1985, p. 243.

Y. Loussouarn, P. Bourel et P. de Vareilles-Sommières, "Droit international privé", *Dalloz*, 2004, 8ᵉ éd.

第二章
國際裁判管轄權之積極衝突：
先繫屬優先

壹、前　言

　　進入21世紀的文明階段，我們目前所處的這個世界，仍然看不到一個至上的、超然的、統合的「國際私法法院」出現——儘管這樣的一個法院曾經讓國際私法學者所夢想著[1]。現實的國際狀態是主權國家與有形疆界的概念仍然發揮著它們的影響力：即使人類的交易型態、生產工具以及交通方式都已經有了重大的改變，各國對於其法律或司法的管轄領域卻仍然謹守著主權的界線作為其基本的原則。所謂的國際私法案件，只是徒具「國際」之名：它們大多數仍只能透過某個「國內的」法院，引用它們各自「國內的」涉外法律制度解決[2]。

---

[1]　早在1929年，法國學者André-Prudhomme即大力鼓吹應設立一個國際私法法院，以綜理適用國際私法的基本原則。André-Prudhomme, "Le droit international privé dans son développement moderne", 54 *J.D.I.*, 1930, p. 920.

[2]　國際間事實上是由各國自行決定其內國法律與管轄權之範圍，在國際私法上，所謂的國際管轄權規則並不存在於國際社會中，而是在於國際社會的「各成員」之中。P. Mayer, "Droit international privé et droit international public sous

　　因此，「國際管轄權」這個名詞也具備了兩種不同的意義：一方面，我們可以從「國際」二字上清楚地意識到其擁有不同於國內管轄權的某種特性，這種特性經常藉由實證上的經驗，或是透過法官的解釋，將此類問題以不同於國內管轄權的標準為獨立的處理[3]；另一方面，「國際管轄權」的概念仍然是國內的、單面式的與直接的，內國法院於此所欲處理的問題僅是確認究竟其有無管轄權，而對於其他國家法院是否具有管轄權的問題不予置喙[4]。

　　我國立法上目前對於國際管轄權規範的法典化進程仍屬停滯階段[5]，也因此在法規欠缺的情形下，往往我國民事訴訟法部分

---

l'angle de la notion de compétence", *RCDIP*, v. 68 1979, pp. 16-29, surtout à p. 4. 陳啟垂，民事訴訟之國際管轄權，法學叢刊，第166期，1997年4月，頁75。

[3] 即如我國實務一般做法，將國內民事訴訟法之管轄規定擴張適用於涉外案件，即所謂「逆推知說」（或稱類推適用說）者，與國內管轄權規則亦有相當的區別。我國學者即認為對於國際裁判管轄權在學理上的定位，應從現行內國體制與國際法間的關係加以說明。參考蔡華凱，台灣涉外民事訴訟法之理論與實務——以財產關係訴訟之國際裁判管轄總論為中心，中正法學集刊，第17期，2004年10月，頁11以下。

[4] 在大陸法系國際私法理論上，國際管轄權規則性質上屬於為實體法則（règles matérielles），通常為單面的、直接的規則。乃直接觸及國家對案件有無管轄權之問題。Y. Loussouarn, P. Bourel et P. de Vareilles-Sommières, "Droit international privé", *Dalloz*, 2004, 8e éd., n°436/437; B. Audit, "Droit international privé", *Economica*, 2000, 3e éd., n°318.

[5] 按我國涉外民事法律適用法修正草案初稿，原本擬採用中國際私法架構，將國際管轄權與法律選擇一併規定其中，復於二稿時又重回原點，僅就法律選擇部分為規範與修正，我國學者對此多有責議，目前似仍未有回到修正草案初稿架構之趨向。賴來焜，基礎國際私法學，三民，2004年，頁26；陳駿賦，國際民事訴訟中定性理論與訴訟標的理論之交錯，萬國法律，第132期，2003年12月，頁106-116（特別在頁115以下）。

規定即被學界及實務界認定具有內國民事程序規範標準與涉外民事程序規範標準之雙重功能。即如國際管轄權的學說見解，無論採取「逆推知說」或是「修正的類推適用說」，其均係參照民事訴訟法上之管轄規定，於個案中作為國際管轄權具體認定與適用之標準[6]。

　　涉外民事訴訟實務運作上較常發生者，除了如何確定具體個案中之國際管轄權問題外，關於國際管轄權之積極衝突問題，亦屢見不鮮。本文即試舉二例說明如下：

　　例一：甲科技公司與乙科技公司均為我國法人，二者簽訂技術服務契約，約定甲公司將其某類產品之技術轉移給乙公司，其中並有保密約款，聲明乙公司不得洩漏甲公司之技術秘密與第三者。不久乙公司將其原先與甲公司接洽之研發團隊分割獨立成另外一家丙科技公司，而由丙科技公司開發與甲公司同類型之產品從事美國市場競爭。甲公司遂在美國加州起訴，控告乙公司違反保密約定，並侵害甲公司之專利權，要求損害賠償；乙公司於甲公司起訴後，在台灣法院另行提起訴訟，反控甲公司侵害其名譽，以圖牽制甲公司在美國加州之訴訟。

---

[6]　徐維良，國際裁判管轄權之基礎理論，法學叢刊，第183期，2001年7月，頁69；林大洋、林信明合著，論國際裁判管轄權，中律會訊，第7卷第5期，2005年2月，頁17；蔡華凱，侵權行為的國際裁判管轄：歐盟的立法與判例研究，中正法學集刊，第14期，2004年1月，頁243；林秀雄，國際裁判管轄權：以財產關係案件為中心，收錄於國際私法理論與實踐（一），劉鐵錚教授六秩華誕祝壽論文集，學林，1998年版，頁120；林益山，國際私法與實例解說，台北大學法學叢書，2004年12月修訂4版，頁119；柯澤東，國際私法，元照，2004年10月2版三刷，頁25。

　　例二：美國人甲男與我國人乙女因其未成年子女監護權在美國紐約州法院訴訟，乙女見訴訟進行對己不利，於法院未判決前未得甲男同意，私自將子女帶離美國後返回台灣，並另於台灣法院起訴，請求法院判決監護權歸己。

　　上述之案例中，均牽涉到基於相同事實基礎，而在兩國間先後繫屬，尚在進行中的涉外民事訴訟彼此間相互影響之問題。從立法上來說，過去我國民事訴訟法並未針對此類國際管轄權衝突之情形有具體明文之規範。惟2003年2月7日民事訴訟法進行修正，立法者針對國際管轄權部分增訂第182條之2，規定：「當事人就已繫屬於外國法院之事件更行起訴，如有相當理由足認該事件之外國法院判決在中華民國有承認其效力之可能，並於被告在外國應訴無重大不便者，法院得在外國法院判決確定前，以裁定停止訴訟程序。但兩造合意願由中華民國法院裁判者，不在此限。法院為前項裁定前，應使當事人有陳述意見之機會。」學者間咸認本條為我國立法上關於國際管轄競合之明文規定，法院有相當之裁量權可決定是否依本條停止國際間「重複進行」之訴訟程序[7]。然而本條制定後，實務上卻鮮見法官援為引用，以至於迄今我國法院仍未能就該條所定之情形建立起一套明確的、系統的判斷標準[8]。

---

[7]　此為大陸法系國家傳統上面臨國際平行訴訟問題時所喜好運用的方式，稱為Lis alibi pendens（原文直譯為「爭議在別處發生」，法國文獻多稱litispendance）。法國就此一語諺於其內國法中發展出「先繫屬優先例外」（exception de litispendance）原則，即相當於我國之雙重起訴禁止原則。

[8]　本條增訂後，實務上僅見台灣台北地方法院91年重訴字第1840號與最高法院94

　　事實上，早於2000年時開始，我國民事訴訟法即進入另一新的階段。在新的民事訴訟法理論基礎上，為強化集中審理，新法對於訴訟標的理論態度的改變與爭點整理制度建立，都作了更精緻化的規定[9]。我國民事訴訟法的修正，亦勢必連帶影響到我國法院處理涉外民事訴訟事件時所抱持的立場與態度：無論是國際管轄權的判斷，或是選法理論的選擇。是以，在新民事訴訟法的架構下，應如何解釋及適用民事訴訟法第182條之2？即為一饒富趣味之問題。

　　本章認為就此問題，首先應探討者，為民事訴訟法第182條之2的法理基礎：即該條之立法目的。易言之，就防止國際管轄權衝突之理論觀點而言，究竟本條之制定對我國法院有如何之重要性？是否本條應該毫無保留地同等適用於所有的涉外民事訴訟案件中？類此問題，均值玩味（標題貳以下討論）；其次，則為分析該條應當如何適用：是否民事訴訟法第182條之2的適用條件有可能受到我國新民事訴訟法修正之影響，而有其所不同於外國立法例之標準或原則？如果答案是肯定的，那麼這些適用條件，又會是什麼？（標題參以下討論）。

　　年台抗字第1156號裁定有所觸及，但此二項裁定對於該條之要件及相關討論卻均未有進一步之說明。
[9]　賴淳良，訴訟上爭點整理與涉外財產案件之審理，玄奘大學2007年海峽兩岸國際私法學術研討會論文集（下），頁57以下。

貳、國際管轄權積極衝突之理論觀點：民事訴訟法第182條之2之立法目的

關於民事訴訟法第182條之2之立法目的，民事訴訟法修正理由總說明中僅以寥寥數語帶過：「為求訴訟經濟，保障當事人之程序利益，並避免裁判歧異，明定當事人就已繫屬於外國法院之事件更行起訴時，於一定條件下，法院得在外國法院判決確定前，裁定停止訴訟程序。但為尊重當事人之程序選擇權，並明定兩造當事人亦得合意由中華民國法院裁判。」其中值得斟酌者，為說明中所謂「為求訴訟經濟、保障當事人之程序利益，並避免裁判歧異」者，究竟於國際民事訴訟程序中，應作如何之解釋[10]？

欲回答此一問題，首先必須確定者為區分國際管轄權問題與國內管轄權問題之差異性。易言之，究竟我們應如何定位國際管轄權積極衝突之現象？是否這種現象確實存在著？（標題一以下討論）；其次，如果國際管轄權積極衝突確實是存在的，則我們是否有必要將此一現象予以排除？是否在國際管轄權上所持的排除理由，與國內管轄權有所不同？（標題二以下討論）。

---

[10] 姚瑞光教授則對本條大力抨擊，認為係「無事生事，弄無為有之作」。姚瑞光，近年修正民事訴訟法總評，自刊，2005年，頁47。

一、國際管轄權積極衝突的定位

　　有關國際管轄權積極衝突的定位，本章以為至少必須先行釐清兩個問題：在涉外民事案件上，是否確實存在著積極衝突？此為其一；其二，法院又該依何標準，確認國際管轄權積極衝突的現象確實係存在？

　　從內國法立場而言，所謂內國管轄權之積極衝突，即同一事件先後繫屬於數個有管轄權法院之問題。就此問題之對束，應以一事不再理之原則（res judicata）解決之[11]。民事訴訟法第253條即規定：「當事人不得就已起訴之事件，於訴訟繫屬中，更行起訴。」如違反者，法院應認為其訴為不合法，而依民事訴訟法第249條第1項第7款裁定駁回之[12]。第253條之立法目的在於避免法院就同一訴訟重複審判而造成訴訟不經濟，發生前後判決矛盾之情形，亦在於保護被告，避免一再重複被迫為不必要訴訟之進行。

　　是以管轄權之積極衝突現象，於內國法制度上觀之，應肯定其確實存在。基於訴訟經濟、防止判決前後矛盾等與保護被告權利等理由，排除重複起訴確有其法律上之意義及重要性。成問題者，為此一內國民事訴訟法上一事不再理概念，是否亦得無條件適用於國際民事訴訟之場合？實不無疑問。

---

[11] 或稱為二重起訴之禁止。事實上，除民事訴訟法第253條外，關於一事不再理之概念於訴訟程序上之運用，尚有判決後之一事不再理（民事訴訟法第263條第2項）及確定後之一事不再理（民事訴訟法第400條第1項）等。

[12] 陳榮宗、林慶苗，民事訴訟法（中），三民，2005年修訂4版，頁375。

　　我國法院實務上對於民事訴訟法第253條是否得適用於涉外民事訴訟，向持否定之見解。最高法院67年台再字第49號判例即認為：「民事訴訟法第二百五十三條所謂已起訴之事件，係指已向中華民國法院起訴之訴訟事件而言，如已在外國法院起訴，則無該條之適用。」緣各國依其各自國內涉外民事訴訟管轄權之標準，得就個別之案件確認其內國法院有無國際管轄權。當事人享有選擇法院之自由，亦本得分別平行向各國法院尋求訴訟之救濟[13]。國際間，各國法院互不隸屬，其國內法制也各自不同，嚴格說來，於國際民事訴訟中，並無所謂管轄競合之問題存在。特別是當案件先繫屬於我國法院時，我國法院通常很難期待或預測外國法院是否願意適用一事不再理的原則，以停止其內國訴訟之進行。即便能夠確定，我國法院事實上並無法拘束外國法院停止其內國訴訟之進行，或要求外國法院為駁回訴訟之裁判[14]。因此法院實務對民事訴訟法第253條之適用看法，確非無見。

　　然而，儘管國際民事訴訟有著上述的特殊性，現實上無論當事人在何國提起訴訟，到最後其仍然要面對判決的承認與執行的問題。易言之，即使國際間並無統一之司法機構對國際民事訴訟案件作出最終統一個判決，但各國法院仍然致力於消弭判決不一

---

[13] 例如在上個世紀中葉前，法國法院即以此作為拒絕承認外國法院繫屬效力之理由。賴淳良，外國法院訴訟繫屬在內國之效力，國際私法論文集，五南，1996年，頁230以下。

[14] 同此意見，參照P. Mayer et V. Heuzé, "Droit international privé, Montchrestien", 8e éd., 2004, p. 314.

致的現象發生，使得國際民事法律關係得以擁有「相對的」穩定性，不至於因為國界的障礙而使得原來當事人合法既得的權利無法完整的實現。因此，基於承認與執行外國法院判決之同一理由：防止就同一事件所可能造成的裁判歧異危險、保障當事人的訴訟實施權利等，吾人應當肯定這種管轄權積極衝突之現象確實存在，並且進一步地，認為內國法院應當採取某種積極的作為，以消弭這種現象的發生[15]。

理論上來說，承認國際民事訴訟法中有一事不再理原則之適用，似乎應與內國法上之一事不再理原則概念相符。然而，由於國際民事訴訟的特殊性，事實上使得內國法上之一事不再理原則的概念難以完全適用於國際民事訴訟程序之中。這種概念適用上的困難性來自於幾個方面：首先，由於各國在訴訟事件範圍認定上的差異，使得判斷是否存在管轄積極衝突的情形產生相當的困難[16]；其次，因為事件的特殊性質，使得國際管轄權積極衝突的排除，有時未必採取後繫屬訴訟之法院停止其程序之方式。以下即就國際管轄權排除之方法，為進一步之討論。

---

[15] 誠如法國學者Mayer所說，在身分與能力的案件中，既然法官能夠承認外國法院的判決效力，為何法官不能考慮繫屬在外國法院的訴訟程序？避免裁判歧異與防止當事人任擇法院，實為支持國際民事訴訟適用「先繫屬優先例外」原則之最佳理由。P. Mayer et V. Heuzé, "Droit international privé", p. 315；中文資料可參考陳榮宗，國際民事訴訟之法律問題，法學叢刊，第162期，1996年4月，頁1。

[16] 例如後述有關事件同一性之相關問題。

二、國際管轄權積極衝突的排除

　　就國際管轄權積極衝突的防止，粗略地說，在國際私法理論上有兩種方式可資對照。第一種是沿襲大陸法系國家經常使用的「先繫屬優先例外」原則，亦即比較案件訴訟繫屬之先後，由繫屬在後的法院先行暫停訴訟程序，以避免發生判決歧異之現象。這種方式主要所憑恃的是後繫屬國家法院的管轄權自我抑制，以及對於外國判決預測有承認其效力之可能的確信。與國內民事訴訟法之「雙重起訴禁止」原則不同者，在於這種「先繫屬優先例外」原則並無強制法院遵守之效力，相反地，採取此一原則的立法者往往仍賦予法院相當之裁量權，以決定其是否停止進行後繫屬的訴訟程序[17]。

　　另一種方式，則是源於19世紀蘇格蘭法院的「不方便法院」（forum non conveniens）原則[18]。依照一般實務上歸納，適用此原則有幾項條件：（一）須受訴法院對於本案有管轄權；（二）須法院認為其係一不方便受理案件之法院；（三）須待被

---

[17] 立法例上可參考瑞士國際私法法典第9條以及比利時國際私法法典第14條之規定，均予以法官裁量權決定是否進行訴訟程序之停止。參考劉鐵錚等著，瑞士新國際私法之研究，三民，1991年10月初版，頁14-15；林恩瑋，國際管轄權理論的法典化省思：以比利時國際私法新法典為例，財產法暨經濟法，第4期，2005年12月，頁169以下（特別在頁207）。

[18] 陳隆修，國際私法管轄權評論，五南，1986年，頁92以下；劉鐵錚，論國際管轄權衝突之防止，國際私法論叢，國立政治大學法律學系，1991年3月修訂再版，頁257-276（特別在頁265）；陳啟垂，英美法上「法院不便利原則」的引進——涉外民事法律適用法修正草案第10條「不便管轄」的評論，台灣本土法學雜誌，第30期，2002年1月，頁51-60；王志文，國際私法上不便利法庭原則之發展及應用，華岡法粹，第18期，1988年11月，頁119。

告提出此一「不方便法院」之抗辯；（四）須有他受理本案之更適合的法院存在，而不受理本案並非不正義的。滿足以上要件後，法官即可拒斥已繫屬之案件（包含管轄權積極衝突之案件），而以其為一「不方便法院」拒絕為本案之管轄，或停止訴訟之進行[19]。

我國法院實務上雖亦曾引用此項原則，惟其所引具之理由與內涵，與原來習慣法國家中所認知之「不方便法院」原則似有所出入。即以台灣台北地方法院92年度國貿字第6號判決為例，其判決要旨略為：「所謂國際管轄權行使之合理基礎，係指某國法院對某種涉外案件之一定事實，與法庭地國有某種牽連關係，而該牽連關係足認由該法庭地國審理合理正當，且符合公平正義者⋯⋯如連繫事實發生在數國，自應選擇最符合法理基礎、最符合公平正義、且最符合國際秩序及最符合當事人公平正義之法院管轄，此時，倘某國法院認為由其管轄，係不便利之法院，在『不便利法庭』之原則下，即得拒絕管轄，此乃『不便利法庭原則』（Doctrine of Forum Non Conveniens），在決定吾國法院是否行使國際管轄權時，自應參酌當事人訴訟權之保障，⋯⋯本件原告主張被告於美國以傳真或電話向原告行以詐術，並侵占原告之貨物共計美金14萬4,061元2角6分以上，而原告主張被告均為外國人、外國公司或組織，住所或居所亦在美國，倘由本國法院調查，無異增加當事人及本國法庭訴訟之負擔，對被告訴訟權之

---

[19] 不方便法院原則的行使，其前提在於受訴法院為有管轄權之法院，與管轄權原則不同者，後者是確認受訴法院有無管轄權之問題，而前者則是法院國際管轄權行使限制之問題。

保護，亦非周延，而由本國法院管轄，無論於調查證據或訴訟程序之進行，將無端耗費本國法院之勞力、時間與費用，對法庭地納稅人之負擔，亦不公平，依上開考量，自認為由本國法院之管轄，符合上揭『不便利法庭原則』，因認我國法院對本件訴訟並無一般管轄權，而駁回原告之訴。同時本院85年訴字第1689號、87年訴更字第6號、87年保險字第47號等判決，亦均採相同之見解。是司法實務上早經認本國法院若屬『不便利法院』時，即可將原告之訴駁回。」可知我國法院實務仍有將「不方便法院」原則與「國際管轄權標準」二者相混者，其並非將「不方便法院」作為彈性達成程序正義的一項例外方法，在訴訟操作上實有可議之處[20]。

　　無論如何，雖然訴訟程序上要採取何種方法以暫停訴訟之進行，各國法院或許有所差別，但對所有的法官而言，在慎重考慮案件的正義是否會因停止訴訟而受到侵害這一點上，立場應該都是相同的。在這裡所謂案件的正義有雙重的意義：程序上而言，法官必須確認這些先後繫屬的案件之間，如果不停止其訴訟進行，將會使得當事人未來之訴訟實施權受到侵害，或是造成訴訟程序公平失衡的現象（例如蒐證之進行與語言之隔閡等）或是

---

[20] 我國司法實務上對於不方便法院原則之運用，似仍處於混沌狀態。有認為我國法院有一般管轄權，但以不方便法院為由拒絕行使駁回原告之訴者，例如台灣台北地方法院87年度保險字第47號判決；有認為我國法院因係不方便法院而無一般管轄權者，例如前述裁定與台灣台北地方法院86年度訴字第681號裁定等；亦有認為不方便法院得以作為裁定停止訴訟之理由者，例如台灣高等法院89年度抗字第1293號裁定，見解莫衷一是。另參考黎文德，我國司法實務上國際私法之發展，月旦法學雜誌，第89期，2002年10月，頁84以下（特別在頁88-90）。

使得判決難以受他國承認而造成執行上之困難等，此時應以停止訴訟進行之方式，達成案件的程序正義；實體上而言，就某類型民事案件因其性質關係，法官必須主動探求其案件實體上的正義，至少，不能因程序損害實體，而應當在保護某特定當事人的實體權益的前提下，考慮是否停止進行訴訟程序。

　　例如在涉外未成年人監護事件中，保障未成年人的實體法上之最大利益，通常為此類型涉外民事案件中最被強調者。則在判斷該類型案件的訴訟進行問題時，吾人即無法以一個預設、硬性的規則，就之與他類型案件為相同之處理。個案的正義需求在這種案件中要高過其程序上的普遍性需求許多：繫屬在後的法院，如果使其管轄此一事件，結果將更能保障未成年人的最大利益時，則於「未成年人利益優位」的前提下，又豈可反向要求後繫屬法院放棄管轄或停止其訴訟之進行[21]？就此，我國學者即曾明白表示：「一事不再理原則（*res judicata*）於父母責任之案件上，因永遠無法為最後（final）之判決，故不能適用。又因為配合小孩最新之變化，固若於前後兩個有管轄法院之判決發生衝突之情況，自以後來之判決優先[22]。」

---

[21] 例如英國判例法上所使用的「方便法院」原則，即為辨別案件可以在所有當事人的利益及達到正義的目的下而被合適審判的法院。請參考陳隆修，父母責任、管轄規則與實體法方法論相關議題評析，東海大學法學研究，第25期，2006年12月，頁191，第253頁中引用Lord Goff於*Spiliada Maritime Corp v. Cansulex Ltd*案中的意見。

[22] 陳隆修，同前註，頁279以下。關於外國未成年子女監護判決之確定效力是否應受承認，及其承認效力之範圍等問題，所涉複雜，宜另行撰寫專文研究，本文於此暫不處理。

　　準此以言，我國民事訴訟法第182條之2之適用範圍，似應有所節制。該條條文雖謂：「當事人就已繫屬於外國法院之事件更行起訴，如有相當理由足認該事件之外國法院判決在中華民國有承認其效力之可能，並於被告在外國應訴無重大不便者，法院得在外國法院判決確定前，以裁定停止訴訟程序。」乍看似乎適用之條件已十分嚴格，不但就案件後繫屬之我國法院停止訴訟進行預設許多前提條件，並且仍賦予我國法院相當之裁量權決定是否為訴訟程序之停止，然法條如此規定，實肇於國際民事訴訟案件之獨特性，不得不然之故。必須指出的是，除了法條中所規定的要件以外，由於在國際民事訴訟案件中，屬人事項往往具有其特殊性，所著重者往往並非為程序之穩定或判決的一致，而是特定人事之實體利益保障。故就立法體例而言，第182條之2雖係規定於民事訴訟法總則編中，惟其適用之範圍，似宜認為自始即排除於涉外人事訴訟案件之場合。

參、國際管轄權積極衝突之原則運用：民事訴訟法第182條之2之要件分析

　　民事訴訟法第182條之2之立法目的，主要係為防止國際管轄權積極衝突所可能帶來之判決歧異與執行困難，已如前述。則關於本條之規定，究應如何具體適用於個案中，其要件又當如何定義、如何認定，均不無疑問。以下即就該條規範之要件內容，逐一分析討論。

一、訴訟繫屬的認定

首先，法條中規定「當事人就已繫屬於外國法院之事件更行起訴」者，究應如何確認訴訟已經外國法院所繫屬？

所謂訴訟繫屬，係指訴訟一經原告起訴，該訴訟事件即在法院發生受審判的狀態，稱此種狀態為訴訟繫屬。至於訴訟繫屬之時點，各國之法制規定不一，有認為以原告訴狀提出於法院時為準，有認為以訴狀送達於被告時為準。我國民事訴訟法學者多數則認為，訴訟繫屬時點應為訴狀提出於法院時[23]。

立法例上，同樣採取「先繫屬優先例外」的歐體第44/2001號管轄規則，在該規則第30條以統一訴訟繫屬時點規定之方式予以解決。然而這項規定僅在歐盟成員國間始得以適用，在其各成員國的普通法與其各自之國際私法上，是否亦能一體適用此項規定與解釋，仍有待斟酌。以比利時2004年國際私法新法典為例，其於第14條中規定：「當一項訴訟請求在外國司法機關進行，而可以預見外國法院判決將在比利時被承認與執行時，受理案件在後之比利時法官，就同一當事人之同一標的之同一訴訟案件，得延遲判決，直到外國法院宣判為止。比利時法官考慮訴訟圓滑進行。並當外國法院判決依本法可受承認時，論知不受理[24]。」其中亦未就訴訟繫屬時點加以認定，比利時學者對此即

---

[23] 姚瑞光，民事訴訟法，自刊，2004年，頁382；陳榮宗、林慶苗，民事訴訟法（中），頁373。

[24] Art. 14. Lorsqu'une demande est pendante devant une juridiction étrangère et qu'il est prévisible que la décision étrangère sera susceptible de reconnaissance ou d'exécution

有主張應依照比利時民事訴訟法定訴訟繫屬之時，亦即採訴狀提出於法院說者[25]。

本章認為，於國際民事訴訟案件中，同時為訴訟繫屬之情形究屬罕見，以內國法官依內國訴訟法程序主導訴訟程序之角度觀之，實無強求內國法官復予確認外國法律如何認定訴訟繫屬時點之必要。再者，按「程序依法院地法」之國際私法法則，就訴訟繫屬之時點問題，解釋上亦應認為宜與法院地民事訴訟法之見解相互一致，故上開比利時學者之意見實不無可採。依此解釋，本條關於訴訟是否已繫屬於外國法院之判斷，亦應依我國之民事訴訟法學者多數見解，即原告訴狀提出於法院時為準。

二、外國判決效力承認的預測

本條另一項規定之前提要件，為「如有相當理由足認該事件之外國法院判決在中華民國有承認其效力之可能」者。學說上將此一要件稱為「判決承認預測說」[26]。主要採取此說的理由在於，訴訟繫屬於某種程度上來說，可謂為判決實質確定力的前

---

en Belgique, le juge belge saisi en second lieu d'une demande entre les mêmes parties ayant le même objet et la même cause, peut surseoir à statuer jusqu'au prononcé de la décision étrangère. Il tient compte des exigences d'une bonne administration de la justice. Il se dessaisit lorsque la décision étrangère est susceptible d'être reconnue en vertu de la présente loi.

[25] A. Nuyts, "Le nouveau droit international privé Belge: Compétence judiciaire", *J. Tri.*, 12 mars 2005, n°6173, p. 179.

[26] 賴淳良，外國法院訴訟繫屬在內國之效力，前揭註13，頁241；陳榮宗，國際民事訴訟與民事程序法，台大法學叢書（5），1998年，頁25。

行階段，若不將二者為合併之觀察，則無從瞭解訴訟繫屬之問題。故而在討論外國法院訴訟繫屬之問題時，必然要同時瞭解外國判決承認此種擴張外國法院判決效力之制度。判決歧異的危險是訴訟繫屬以及判決效力兩種制度首應考慮之問題，如欲在起訴的階段即設法避免此種裁判歧異的現象發生之可能，則無法避免應預測該外國法院判決之範圍與程度。

從立法例上來看，本條之立法形式毋寧是符合國際立法潮流的。無論是歐體第44/2001號管轄規則、前述之比利時國際私法，或是1987年之瑞士國際私法法典[27]，「判決承認預測說」均被援用為法院適用「訴訟競合排除」原則時的一項重要參考指標。然而，採取「判決承認預測說」並非全無缺點，問題在於法院往往很難掌握某些外國判決的內容，特別是當外國法院判決雖然在程序上可合理預測其將受我國法院所承認，但事實上在該判決可能涉及到公序良俗一類爭議問題，有受我國民事訴訟法第402條排除承認其效力之可能時，要求我國法院對此類「尚未作成」判決之外國訴訟結果作出預測，實有相當之困難。

又所謂判決承認之預測，事實上涉及我國民事訴訟法第402條之相關問題。該條第1項規定：「外國法院之確定判決，有下列各款情形之一者，不認其效力：一、依中華民國之法律，外國法院無管轄權者。二、敗訴之被告未應訴者。但開始訴訟之通知

---

[27] 瑞士國際私法第9條：Lorsqu'une action ayant le même objet est déjà pendante entre les mêmes parties à l'étranger, le tribunal suisse suspend la cause s'il est à prévoir que la juridiction étrangère rendra, dans un délai convenable, une décision pouvant être reconnue en Suisse.

或命令已於相當時期在該國合法送達，或依中華民國法律上之
協助送達者，不在此限。三、判決之內容或訴訟程序，有背中華
民國之公共秩序或善良風俗者。四、無相互之承認者。」僅就第
一款而言，如何判斷外國法院「無管轄權」？究應以法庭地之國
際管轄權標準，或是外國法院之國際管轄權標準，抑或是另以獨
立之間接管轄權標準檢驗之？實不無疑問[28]。如就我國學者多數
所採之「鏡像理論」而言，似應以類推適用我國民事訴訟法上國
內管轄權之規定，為外國法院管轄權有無之判斷，惟此一結論是
否妥當，似仍有討論之空間[29]。

---

[28] 我國學者或稱之為管轄法則之單面性或雙面性之問題。李沅樺，國際民事訴訟
法論，五南，2007年2版一刷，頁142（註解第645）。在法國，究竟應以何種
標準判斷間接管轄權，亦曾引起爭議。1985年法國最高法院在 *Simitch* 案中則採
取了第三種標準，即所謂「兩條件說」，認為只要系爭事件與外國法院所屬國
家間具有「特徵明顯連繫關係」（le litige se rattache d'une manière caratérisée au
pays dont le juge a été saisi），且其選擇管轄實無規避管轄（frauduleux）的情
事發生者，外國法院判決原則上認其有管轄權，而受法國法院之承認與執行。
Cass. Civ. 6 fév. 1985, RCDIP, p. 369; 中文資料部分並請參考陳忠五，美國懲罰
性賠償金判決在法國之承認與執行，收錄於美國懲罰性賠償金判決之承認與執
行合集，學林，2004年12月，頁71以下。

[29] 鏡像理論的問題在於這種管轄權標準往往可能比外國法院的管轄權標準要更為
嚴苛，對於當事人的訴訟程序保障往往有所缺憾。例如法國法院在 *Gunzbourg* 案
就面臨到此一問題，Paris, 18 juin 1964, *RCDIP*, 1967, p. 340, note Déprez; *Clunet*,
1964, p. 810, note J.D. Bredin. 在1975年以前，法國民事訴訟法規定契約之債訴訟
由付款地法院管轄，依照此一原則，若非付款地國所為之外國判決，自法國法
院之直接管轄權標準觀之，均屬無管轄權，而不得被承認或執行。P. Mayer et V.
Heuzé, "Droit international privé", n°369-373; P. Courbe, "Droit international privé,"
Armand Colin, 2e éd, 2003, n°332.

三、訴訟標的問題

第182條之2既規定「已繫屬於外國法院之事件」，則如同法第253條之討論一般，關於先後繫屬之訴訟事件是否同一：所謂「事件同一性」問題，即為確認我國法院法官是否發動本條規定以停止訴訟程序之前提要件之一。就同一事件的認定，我國民事訴訟法學者傳統上以當事人、訴訟標的與訴之聲明三項標準判斷之。而此一問題，又隨著訴訟標的理論之發展，有著不同的看法。而於國際民事訴訟的場合，各國法制上對於訴訟標的的見解又各不相同，使得此一問題益增其複雜性。

（一）新舊訴訟標的理論的影響

舊訴訟標的理論認為，所謂訴訟標的，乃原告在訴訟上所為一定具體實體法之權利主張。訴訟標的之個數，以實體法上之權利或法律關係之個數為準，是以實體法上每一權利均構成訴訟法上之訴訟標的。我國法院實務上長久以來採行舊訴訟標的理論，故而在判斷訴訟事件的同一性上，亦常以舊訴訟標的理論為標準[30]。舊訴訟標的理論代表著過去我國法學界一向將民事訴訟程序視為實現實體法上法律關係工具之傳統看法，訴權即為原告請求保護其實體法上權利者，訴訟標的之概念可謂極為狹隘。然而，隨著我國民事訴訟法學界的奮起，這種見解也慢慢地產生改變。

---

[30] 李沅樺，涉外民事訴訟之訴訟標的，玄奘大學2007年海峽兩岸國際私法學術研討會，頁1。

　　相較於舊訴訟標的理論的新訴訟標的理論，則將訴訟標的與實體上的權利兩項概念分離，嘗試著從訴訟法的立場，將原告於起訴狀中相關訴之聲明及事實理由之主張，援為訴訟標的之概念與內容[31]。易言之，訴訟標的為原告對法院請求之主張，取決於案件之事實與目的，訴訟標的之範圍不再限於實體法上的權利。在新訴訟標的的概念下，以給付之訴為例，給付之訴的訴訟標的，為原告所主張之給付受領地位，而非實體法上之請求權。於此地位下原告所援為主張之實體法上權利，均將被認為係訴訟上之攻擊防禦方法。是以，關於其範圍概念，新訴訟標的理論顯然要較舊訴訟標的理論擴張許多。

　　然而，無論是採用新舊訴訟標的理論，於國際民事訴訟案件中，各國對於所謂訴訟標的的看法，亦不一致。即以英美法中訴因（cause of action）一詞而言，其亦難認與我國民事訴訟法上之訴訟標的之概念相一致。即使於統整國際私法概念不遺餘力的歐洲各國間，也出現同樣的問題[32]。在 *Gubish Maschinenfabrik*

---

[31] 新訴訟標的理論又稱訴訟法說，可分為一分肢說與二分肢說，一分肢說指依據原告訴之聲明，認定訴訟標的；二分肢說則是除訴之聲明以外，還必須考慮原因事實，亦即事實理由與訴之聲明合併為訴訟標的。陳榮宗、林慶苗，民事訴訟法（上），三民，2005年4版，頁288。

[32] 以1968年布魯塞爾「關於民事及商事事件之裁判管轄暨判決之承認執行公約」（The Convention of 27 September 1968 on Jurisdiction and Enforcement of Judgment in Civil and Commercial Matters，下稱布魯塞爾管轄權公約）第21條為例，英文版本「the same cause of action」於法文版本中被記載為「le même objet et la même cause」，二者含義上略有出入，為解決此一問題，歐洲法院以獨立解釋的方法，對何謂the same cause of action直接為定義。參照Dicey and Morris, "The Conflict of Laws 409", 2000, 13th ed.

*KG v. Palumbo*案中[33]，歐洲法院對於何謂相同之訴因（the same cause of action）解釋為：相同當事人在兩個不同的締約國國家的訴訟程序中，以相同的契約關係互控對方，即可謂為相同之訴因。是以，如果一方在某國法院依契約請求他方給付，另一方在他國法院主張他方對其給付請求權不存在時，亦可認為二者有相同之訴因，而有1968年布魯塞爾管轄權公約第21條（相當於我國民事訴訟法第182條之2）之適用[34]。

　　由於在訴訟程序上，案件的初步定性係由原告為之，而在進入選法程序之前，隨著訴訟程序之進行，法官得對於原告所主張之事實上與法律上之陳述、聲明證據或為其他必要之聲明及陳述等，依民事訴訟法第199條行使闡明權，就原告聲明或陳述有不明瞭或不完足之部分為敘明或補充。是以在國際民事訴訟程序中，訴訟標的並非一開始即可得確定，特別是我國民事訴訟法修正後，新修訂第199條之1規定：「依原告之聲明及事實上之陳述，得主張數項法律關係，而其主張不明瞭或不完足者，審判長應曉諭其敘明或補充之。被告如主張有消滅或妨礙原告請求之事由，究為防禦方法或提起反訴有疑義時，審判長應闡明之。」大

---

[33] Case 144/86 [1987] E.C.R. 4861.

[34] Art. 21. Where proceedings involving the same cause of action and between the same parties are brought in the courts of different Contracting States, any court other than the court first seised shall of its own motion stay its proceedings until such time as the jurisdiction of the court first seised is established.

Where the jurisdiction of the court first seised is established, any court other than the court first seised shall decline jurisdiction in favour of that court.

幅擴充了法官闡明權的範圍[35]。自此，訴訟標的是否仍為傳統上「靜態」之實體權利或法律地位之概念，已不無疑問。

（二）訴訟標的相對論的影響

近年來，我國民事訴訟法學者擺脫傳統訴訟標的之爭，而重新思考訴訟法之任務與意義，認為民事訴訟須兼顧程序利益與實體利益，故應使當事人自行平衡兩者利益，尋求當事人信賴之真實，本此，民事訴訟程序即係法官為當事人尋求法之程序，此即所謂「法尋求說」[36]。以此說為基礎，就訴訟標的之問題，亦應認為由原告平衡其實體利益與程序利益後加以決定，並站在尊重兩造當事人意思與平衡兩造當事人利益的立場上，藉由法官闡明權之行使，共同構築與確認訴訟標的之範圍，此即所謂「訴訟標的相對論」[37]。

在這種觀點上，訴訟標的被認為係一種「動態」之觀念，隨著起訴、訴訟進行與判決等過程，訴訟標的由兩造當事人與法官協力，逐次形成一可確定之範圍。易言之，基於尊重雙方當事人

---

[35] 是以從擴張闡明權的範圍角度而言，似可認為民事訴訟法之修正有朝向新訴訟標的理論之「紛爭解決一次性」觀點傾斜之趨向。藉由擴大法官的闡明權實施，使其得以彌補辯論主義與處分權主義之缺點與不足。

[36] 邱聯恭，程序制度機能論，台大法學叢書，1996年，頁156以下參照。

[37] 即以日本為例，學者陳榮宗認為：「近年來在日本之訴訟標的理論，其學說狀況，已不再由訴訟標的之概念出發，以演繹方法，利用統一訴訟標的概念，將訴之合併、訴之變更、禁止重複起訴、既判力客觀範圍為一律之解決說明。其方法係就各種制度之目的機能為考慮，提出個別適合解決之途徑，並作合理之解釋。並不專門依賴訴訟標的之概念為唯一之工具。」陳榮宗、林慶苗，民事訴訟法（上），頁293。

程序主體地位與程序處分權，就當事人於訴訟程序進行中所共同特定之訴訟標的範圍，由法官適時地行使闡明權後確認者，即可認定該範圍為本案之訴訟標的。故而訴訟標的為浮動的概念，是依照訴訟程序的進行隨時調整其範圍的[38]。

　　訴訟標的相對論的理念在國際民事訴訟程序中，或許更可顯得其優越性：在國際民事訴訟中，因為各國的民事訴訟法律制度上存在一定的差異，是以對於訴訟標的，甚或事件同一性的判斷，不宜也不應以一種固定、硬性的標準為機械性的判斷。同樣是基於尊重當事人的程序處分權的立場，國際民事訴訟程序對於所謂事件的同一性質並非僅以形式上當事人、訴訟標的與訴之聲明三項標準檢驗即為已足，法官亦不應拘泥於新舊訴訟標的理論之爭，而應就系爭案件事實之全部，於避免造成當事人程序上的突襲前提下，在權衡具體案件中當事人之實體利益與程序利益後，認將前後訴訟事件歸為同一，以停止訴訟程序進行較為允當時，始適用民事訴訟法第182條之2之規定。

四、應訴重大不便之認定

　　此一規定之基礎，顯然與民事訴訟法第402條第2款規定相一致：即外國法院判決於「敗訴之被告未應訴者」，因欠缺保障當事人程序權，應不承認其判決之效力，以濟其平。而同樣

---

[38] 邱聯恭，司法之現代化與程序法，台大法學叢書，1993年，頁213以下；邱聯恭，爭點整理方法論，台大法學叢書，2001年，頁9以下；黃國昌，民事訴訟理論之新開展，元照，2005年，頁373以下。

地，如在國際民事訴訟上，原告於國外之訴訟係為先發制人而提起，並企圖利用國際訴訟所具有的巨大空間性使被告應訴不便，以達成騷擾之目的，就此情形我國法院自然不宜將後繫屬之我國訴訟停止，以保障與衡平當事人兩造之程序上權益[39]。

所謂應訴重大不便並不限於空間上的不便利，即為金錢之勞費、不諳外國語言或外國訴訟程序之進行等實質上將造成於我國訴訟之被告於訴訟程序上有不利益之因素，似均屬之。惟應訴是否為重大不便、其程度是否以達侵害被告之程序權利地步，應由被告釋明之。而按民事訴訟法第182條之2第2項之規定，法官亦不得於被告未為此項應訴重大不便之意見陳述前，逕為停止訴訟程序之裁定。

應注意者，為應訴是否重大不便，涉及當事人掌握訴訟進行之能力，應就個案調整認定，不可僅因當事人為被告地位，即認其於國外應訴將有重大之不便。特別是在國際民事訴訟的案件中，被告如為跨國性企業，其坐擁資金往往動輒數百億元，對於其於國外應訴之能力，自亦不能與一般法人或自然人相提並論。

五、職權裁定停止訴訟程序與當事人合意的排除

於前項各要件均符合之情況下，本條規定我國法院「得在

---

[39] 然而，可受訾議者或為本條將應訴重大不便作為限制訴訟停止之條件，此種立法體例與援用litispendece之外國立法顯然不同，即以最近通過，並援用同一原則之比利時國際私法法典為例，其亦未有如是之限制條件規定。

外國法院判決確定前，以裁定停止訴訟程序」。條文規定為「得」，意指即使符合有相當理由足認外國法院判決在中華民國有承認其效力之可能，並於被告在外國應訴無重大不便等條件時，法院仍有其裁量權決定是否停止訴訟程序，而非「應」為訴訟程序之停止，此為本條與第253條最大不同之處。

　　所謂法院裁量停止訴訟程序，其意義為法院國際管轄權之自我抑制，而非後繫屬之我國法院對於案件無國際管轄權。此種國際管轄權之自我抑制乃基於濫訴的防止、訴訟經濟與避免判決歧異而為，法院對此本其職權有絕對之裁量權，雖程序上應慮及當事人之意見，然該意見僅得作為法院參考是否為訴訟停止之依據，而非法院應受當事人意見之拘束。

　　惟本條復以規定：「但兩造合意願由中華民國法院裁判者，不在此限。」是項但書之規定，是否可認為係法院職權裁定停止訴訟程序之例外，不無疑問。此處至少應區分兩種情形：其一為兩造明白向法院表示願由中華民國法院裁判時，於此情形應可認為為尊重當事人程序處分權，其合意可排除法院職權裁定，而使訴訟程序得以繼續進行；其二為兩造未明白表示是否願由中華民國法院裁判，而為本案之言詞辯論時，得否認為雙方已有默示合意願由中華民國法院為裁判，我國法官得因此依職權裁定停止訴訟程序？

　　就後一問題，本文以為，考慮到我國目前律師制度與整體法律扶助制度尚未成熟之現實情況下，似宜認為仍應由我國法官先行徵詢當事人意願，以避免產生妨害當事人訴訟實施權之行使，造成裁判程序上的突襲。

肆、結　論

增訂之我國民事訴訟法第182條之2在立法體例上採用大陸法系國家之「先繫屬優先例外」原則，以「判決承認預測說」為基礎，於特定條件下允許我國法院斟酌具體情況後作出停止國際民事訴訟程序之裁定，其立法與世界潮流可謂並駕齊驅，殊值肯定。

惟於特定訴訟案件中，例如涉外監護權事件，因顧及到受監護之未成年人實體上法律利益之最大保護，本條於解釋上似應予排除適用於此類案件。而本條之規定亦應與民事訴訟法第253條有所區別，最主要的問題在於，法官必須兼顧國際民事訴訟案件的特殊性與國際管轄權原則於各國間的獨立性，於避免造成當事人程序上的突襲前提下，在權衡具體案件中當事人之實體利益與程序利益後，就個案具體確認是否有適用本條之必要。如法官斟酌案件事實後，認為於當事人之程序權利保障無違，並且停止我國訴訟進行利益將實質大於繼續進行時，自可依照本條之規定為暫時訴訟停止之裁定。需注意者為，本條之規定應為我國法院國際管轄權之保留，而非國際管轄權之拒絕，在適用上法院仍有相當的彈性可為權宜處理，而不受當事人意見之拘束。

參考文獻

中文部分

王志文，國際私法上不便利法庭原則之發展及應用，華岡法粹，第18期，1988年11月，頁119。

李沇樺，涉外民事訴訟之訴訟標的，玄奘大學2007年海峽兩岸國際私法學術研討會，頁1。

李沇樺，國際民事訴訟法論，五南，2007年2版一刷。

林大洋、林信明合著，論國際裁判管轄權，中律會訊，第7卷第5期，2005年2月，頁17。

林秀雄，國際裁判管轄權：以財產關係案件為中心，收錄於國際私法理論與實踐（一），劉鐵錚教授六秩華誕祝壽論文集，學林，1998年版，頁120。

林恩瑋，國際管轄權理論的法典化省思：以比利時國際私法新法典為例，財產法暨經濟法，第4期，2005年12月，頁169以下。

林益山，國際私法與實例解說，台北大學法學叢書，2004年12月修訂4版。

邱聯恭，司法之現代化與程序法，1993年。

邱聯恭，爭點整理方法論，2001年。

姚瑞光，民事訴訟法，2004年。

姚瑞光，近年修正民事訴訟法總評，自刊，2005年。

柯澤東，國際私法，元照，2004年10月2版三刷。

徐維良，國際裁判管轄權之基礎理論，法學叢刊，第183期，
　　2001年7月，頁69。

陳忠五，美國懲罰性賠償金判決在法國之承認與執行，收錄於美
　　國懲罰性賠償金判決之承認與執行合集，學林，2004年12
　　月，頁71以下。

陳啟垂，民事訴訟之國際管轄權，法學叢刊，第166期，1997年
　　4月，頁75。

陳啟垂，英美法上「法院不便利原則」的引進──涉外民事法律
　　適用法修正草案第10條「不便管轄」的評論，台灣本土法
　　學雜誌，第30期，2002年1月，頁51-60。

陳隆修，父母責任、管轄規則與實體法方法論相關議題評析，東
　　海大學法學研究，第25期，2006年12月，頁191。

陳隆修，國際私法管轄權評論，五南，1986年。

陳榮宗，國際民事訴訟之法律問題，法學叢刊，第162期，1996
　　年4月，頁1。

陳榮宗，國際民事訴訟與民事程序法，台大法學叢書（5），
　　1998年。

陳榮宗、林慶苗，民事訴訟法（上），三民，2005年4版。

陳榮宗、林慶苗，民事訴訟法（中），三民，2005年修訂4版。

陳駿賦，國際民事訴訟中定性理論與訴訟標的理論之交錯，萬國
　　法律，第132期，2003年12月，頁106。

黃國昌，民事訴訟理論之新開展，元照，2005年。

劉鐵錚，論國際管轄權衝突之防止，國際私法論叢，國立政治大
　　學法律學系，1991年3月修訂再版。

劉鐵錚等著，瑞士新國際私法之研究，三民，1991年10月初版。

蔡華凱，台灣涉外民事訴訟法之理論與實務——以財產關係訴訟之國際裁判管轄總論為中心，中正法學集刊，第17期，2004年10月，頁11以下。

蔡華凱，侵權行為的國際裁判管轄：歐盟的立法與判例研究，中正法學集刊，第14期，2004年1月，頁243。

黎文德，我國司法實務上國際私法之發展，月旦法學雜誌，第89期，2002年10月，業84以下。

賴來焜，基礎國際私法學，三民，2004年。

賴淳良，外國法院訴訟繫屬在內國之效力，國際私法論文集，五南，1996年，頁230以下。

賴淳良，訴訟上爭點整理與涉外財產案件之審理，玄奘大學2007年海峽兩岸國際私法學術研討會論文集（下），頁57以下。

外文部分

A. Nuyts, "Le nouveau droit international privé Belge: Competence judiciaire", *J. Tri.*, 12 mars 2005, n°6173, p. 179.

André-Prudhomme, "Le droit international privé dans son développement moderne", 54 *J.D.I.*, 1930, p. 920.

B. Audit, "Droit international prive", *Economica*, 2000, 3ᵉ ed.

Dicey and Morris, "The Conflict of Laws 409", 2000, 13ᵗʰ ed.

P. Courbe, "Droit international privé", *Armand Colin*, 2ᵉ éd.

(2003).

P. Mayer et V. Heuzé, "Droit international privé", *Montchrestien*, 8ᵉ éd., 2004.

P. Mayer, "Droit international privé et droit international public sous l'angle de la notion de compétence", *RCDIP*, v. 68 1979, pp. 16-29, surtout à p. 4.

Y. Loussouarn, P. Bourel et P. de Vareilles-Sommières, "Droit international privé", *Dalloz*, 2004, 8ᵉ éd.

|第三章|
間接管轄問題：外國懲罰性賠償金判決之承認

壹、前　言

　　所謂懲罰性賠償金（punitive damages），一般性的定義是指當不法行為發生，加損害於他人時，被害人除可以向加害人請求賠償其所遭受之實質損害外，尚可由法院判令加害人額外支付被害人一筆賠償金額，以懲罰加害人不法行為之惡性，並且嚇阻其再犯類似之加害行為。易言之，懲罰性賠償金係在傳統侵權行為損害賠償制度以外，對於被害人賠償的另一種制度，其賠償數額不受被害人實際損害範圍之限制，而是著重於懲罰加害人之行為惡性，與嚇阻或預防相類似不法行為之再次發生。

　　懲罰性賠償金起源最早可回溯自1763年英國的 *Wilkes v. Wood* 案，該案法官首次昭示損害賠償制度不僅在滿足被害人，且具有懲罰其罪刑並嚇阻未來類似不法行為之發生，並彰顯陪審團對於該行為本身之厭惡[1]。其後懲罰性賠償制度自英國擴及於

---

[1]　陳聰富，美國法上之懲罰性賠償金制度，收錄於美國懲罰性賠償金判決之承認及執行，學林，2004年，頁11以下。

其他普通法系（Common Law）國家，其中以美國運用此一制度最具有代表性。除少數州外[2]，原則上美國法院准許並運用懲罰性賠償金之判決，以圖達到其特定之法律政策目的。通常這種懲罰性賠償金的判決多鑑於故意加害行為的案件中，亦有過失行為如具備特定要件時，法院亦可對之判決懲罰性賠償金[3]。

普通法系法院之所以判決懲罰性賠償金，其基本理由無非基於報復與嚇阻之考慮。此與賠償係基於填補損害之理念大相逕庭，故而從功能上觀察，懲罰性賠償金實具有相當之刑事懲戒意味。另一方面，懲罰性賠償金亦有鼓勵私人追訴不法行為之功能，藉此強化執法機制，以有效達成法律政策目的。不過與刑事罰的罰金不同之處在於，懲罰性賠償金的受領人並非為國家，而是民事案件中的被告，故在外觀上應認懲罰性賠償金判決屬於民事判決。

由於傳統上一國之法院對於外國刑事判決並無執行之義務，故對於外國刑事判決自不生承認或執行之問題[4]。形式上，

---

[2] 例如密西根州，其州法院向來僅承認exemplary damages，而未承認punitive damages。相關判決可見Yamaha Motor Corp. v. Tri-City Motors and Sports, Inc., 429 N.W.2d 871 (Mich. Ct. App. 1988)或Gregory v. Cincinnati Inc., 538 N.W.2d 325 (Mich. 1995).

[3] 例如被告行為具有「重大過失」（gross negligent）、「有意且魯莽的不法行為」或「輕率不顧他人安全」、對於潛在損害態度冷漠（attitude callousness）對社會構成重大威脅而有懲罰或嚇阻之必要等情形時，法院均可判以懲罰性賠償金，以昭迴戒。陳聰富，前揭註1，頁39-41參照。

[4] 由我國刑法第9條規定：「同一行為雖經外國確定裁判，仍得依本法處斷。但在外國已受刑之全部或一部執行者，得免其刑之全部或一部之執行。」可知，原則上外國刑事裁判對我國法院並無拘束力，僅是在於避免一罪二罰的考慮下，賦予法官裁量是否執行被告全部或一部刑罰之權力。**國家刑罰權的行使應該以**

一般認為懲罰性賠償金制度仍屬於民事法律規範性質，而非為刑罰法規，故在國際私法理論上，對於外國懲罰性賠償金判決承認與執行之問題，亦通常被認為與對外國刑事判決之承認與執行之問題應有所區別。易言之，既然吾人認為懲罰性賠償金判決在形式上仍屬民事判決，則關於外國懲罰性賠償金判決問題之處理，即應與我國法院承認及執行外國法院民事判決之程序一致。因此當勝訴之一方持外國懲罰性賠償金判決到我國聲請法院承認並執行該外國判決時，我國法院應依照強制執行法第4條之1規定，就系爭外國民事判決進行形式上審理，以決定是否承認及執行該外國懲罰性賠償金判決。

　　無論如何，在國際私法上，懲罰性賠償金所涉及的問題至少有二：其一，在選法問題上，如果涉外民事案件依照衝突法則指示應適用外國法，而該外國法中有懲罰性賠償，或該國判例法中允許法院就該類型案件判決懲罰性賠償金時，我國法院是否亦應予原告懲罰性賠償金之救濟？就此一問題，涉及到國際私法上對於損害賠償之債，其損害賠償範圍之認定，應當認為係程序法或是實體法性質之問題[5]，於此本文不擬深論，宜另行撰文評述之；其二，在國際裁判管轄權問題上，如果外國法院判決被告應支付原告懲罰性賠償金，就此一判決我國法院是否應予以承認並加以執行？如果不予承認，所持據之標準或理由應當為何？如果予以承認，是否毫無保留之接受該外國懲罰性賠償金判決？抑

_____

國家之領域範圍為原則，而英美法院亦一向拒絕強制執行外國刑罰法規。陳隆修，比較國際私法，五南，1989年，頁127以下參照。

[5]　參照陳隆修，比較國際私法，前揭註4，頁162-163。

或應該為「有限度」之接受？我國法院對外國懲罰性賠償金判決
之立場，究應為何？上開問題均有拓深研究之必要，即成本章所
關切之重點。

　　目前我國法院實務於審查外國懲罰性賠償金判決之效力
時，均係依照民事訴訟法第402條第1項各款規定，就該外國判
決逐一為形式之審查，並且在拒絕承認外國懲罰性賠償金判決
之理由構成上，亦均以民事訴訟法第402條第1項第3款「判決之
內容或訴訟程序，有背中華民國之公共秩序或善良風俗者」為
其主要依據。有鑑於此，本章擬以我國台灣高等法院97年度上
更（一）字第81號民事判決為中心[6]，就歷審法院判決見解歸納
我國法院對於外國懲罰性賠償金判決之立場（貳、案例內容摘
要），進一步拓深研究公序良俗概念在是否承認外國懲罰性賠償
金判決上之實際作用（參、公序良俗排除外國懲罰性賠償金判
決效力），期能透過判決分析之方式，為我國法院在衡量是否
承認或執行外國懲罰性賠償金判決問題上提供可行之參考意見
（肆、判決評析）。

貳、案例內容摘要

　　關於外國懲罰性賠償金判決究應採取承認或是否認其效力的

---

[6]　本號判決嗣經最高法院99年度台上字第2193號判決廢棄，惟其判決內容仍有許
　　多值得探究之處，故仍以該判決為例，作為本章研究開展之主題，特此敘明。

立場，我國法院實務歷來看法不一，地方法院[7]與高等法院[8]的判決中，均不乏採肯定外國懲罰性賠償金判決效力者。至於最高法院的態度則顯得較為曖昧，舉例而言，在最高法院最近的判決中，即明白指出：「查民法第二百十六條第一項規定：損害賠償，除法律另有規定或契約另有訂定外，應以填補債權人所受損害及所失利益為限。上訴人抗辯：系爭美國法院確定判決命伊給付之懲罰性賠償金六百萬元，具有刑事懲罰性質等語（見原審更字卷第四一、一二四頁）。則該確定判決所命給付之懲罰性賠償金，如僅具處罰或嚇阻目的，似有違我國法律秩序之基本原則。果爾，該部分之美國法院確定判決能否謂未違反我國之公共秩序或善良風俗而得予承認其效力，即非無疑[9]。」顯然就是否承認外國懲罰性賠償金判決之問題上，採取了否定立場。然

---

[7] 例如台灣台北地方法院91年度重訴字第2754號民事判決：「按民事訴訟法第四百零二條第三款所稱之公共秩序及善良風俗，係指我國國家社會一般利益及道德觀念而言。經查，我國就一般民事侵權行為及債務不履行事件雖無關於懲罰性賠償金之規範，然諸如消費者保護法第五十一條、公平交易法第三十二條第一項（編按：現行法第31條第1項）之規定均定有懲罰性賠償金，**此涉及我國立法政策之考量，不得因此遽認外國判決有關懲罰性賠償金之判決違反我國之法律，而為我國公共秩序及善良風俗所不許。故本件加州中部地院第二修正判決並無民事訴訟法第四百零二條第三款所定『有背於公共秩序或善良風俗』之情形。**」

[8] 例如台灣高等法院97年度上易字第935號民事判決：「查系爭確定判決判命上訴人應給付30,000元補償性賠償金、10,000元『懲罰性賠償金』（punitive damages）及2,075.64元利息暨150元成本（訴訟費用），除『懲罰性賠償金』外，餘依該判決內容，固難謂有何悖於我國公序良俗情事。至美國『懲罰性賠償金』是否承認各國法例及學說紛紜尚無定論，允宜就具體個案審酌是否與公序良俗有違，尚難單以『懲罰性賠償金』一詞即遽認與我國公序良俗有違。」

[9] 參照最高法院99年度台上字第964號民事判決。

而，在稍早的另一判決中，最高法院卻就此一問題表示：「查我國一般民事侵權行為及債務不履行事件雖無懲罰性賠償金之規定，然諸如消費者保護法第五十一條、公平交易法第三十二條第一項等規定，已有損害額三倍懲罰性賠償金之明文規定，則外國法院所定在損害額三倍以下懲罰性賠償金之判決，該事件事實如該當於我國已經由特別法規定有懲罰性賠償金規定之要件事實時，是否仍然違反我國之公共秩序，即非無進一步推求餘地[10]。」

最高法院的曖昧立場，因此引出了台灣高等法院就此一問題的繼續拓深。在台灣高等法院97年度上更（一）字第81號民事判決中，法院就外國懲罰性賠償金判決效力問題作了更細膩的解釋，為我國近年來少見針對懲罰性賠償金性質與我國公序良俗間之關係深入探討之判決，以下即將依序整理此一判決之各審法院意見。

一、案例事實與所涉及之主要爭點

本案為涉及於美國發生之一起移民投資詐欺案件，原告在美國加州洛杉磯就杜湖公司之詐欺案對其成立共同侵權行為，向美國加州洛杉磯郡高等法院（下稱加州法院）提起損害賠償訴訟，經該院作成民事判決，判定訴外人劉〇立及香港鈺〇貿易有限公司（下稱鈺〇公司）對原告負擔應予補償損害360萬美

---

[10] 最高法院97年度台上字第835號判決。

元之三倍賠償金，及負責原告50%之律師費用及其他可資證明之費用。之後加州法院於2003年4月25日依據美國加州民事訴訟法第187條，修正增加被告三人為對鈺〇公司整體敗訴判決之判定債務人，就鈺〇公司整體敗訴判決應負連帶責任，復於2003年8月5日再次修正判決，判令被告三人應連帶給付原告美金13,366,363元（含損害賠償及費用），及自判決宣判之日起至清償日止，依年利率10%計算之利息。

　　本案涉及懲罰性賠償金部分之主要爭點有二：

　　（一）該加州法院判決命被告三人給付原告之費用，屬於何種性質？

　　（二）如上開費用性質屬於懲罰性賠償金，我國法院是否承認該加州法院判決之效力？

二、法院意見

（一）台北地方法院見解

　　認為系爭判決命原告給付被告之費用為懲罰性賠償金性質，並採肯定該外國懲罰性賠償金判決效力之見解，法官所持之理由為：「系爭美國判決就被告成立侵權行為，判令被告應給付補償損害金及懲罰性賠償金等，係依美國加州法律定之，我國法院本應予以尊重，其適當與否，自非我國法院所得推翻。況且，我國亦有懲罰性賠償金之立法例，雖我國就一般民事侵權行為事件無有關於懲罰性賠償金之規定，然諸如消費者保護法第

51條、公平交易法第32條第1項等均有懲罰性賠償金之規定，此涉及我國立法政策之考量，不得因此遽認外國判決有關懲罰性賠償金之判決違反我國之法律，而為我國公共秩序及善良風俗所不許[11]。」

（二）台灣高等法院見解

本案經當事人提起上訴，二審台灣高等法院亦認為系爭判決命原告給付被告之費用屬於懲罰性賠償金性質，但卻採取否定系爭外國判決效力之見解，其理由略為：「我國民事訴訟法第402條第1項第3款規定外國法院確定判決之內容，有背中華民國之公共秩序或善良俗者，不認其效力。公序良俗之審查在外國判決之承認及執行上具有雙重機能，其一乃維持實質正義之基本要求，其二乃貫徹國家之主權利益。美國法院鉅額懲罰性賠償之判決，其承認與執行，攸關債務人之生存權之威脅，學者迭有質疑（參見一審卷第306頁證九）。基本上，將損害賠償法體系之基本機制置於填補損害之我國，基於處罰及嚇阻為目的之懲罰性賠償判決，顯與現行民法基本原則有所扞格，難以承認。……經查，依我民法第18條及第195條規定，一般侵權行為侵害財產法益，並無得請求非財產上之精神上損害之規定。又被上訴人上引證券交易法等民事特別法雖有懲罰性倍數賠償之立法，然特別法乃針對特別事件之性質目的而為立法，本件系爭判決乃定性為移民投資詐欺之侵害財產法益之一般侵權行為，性質上不宜類推

---

[11] 台灣台北地方法院92年訴字3791號民事判決。

適用特別法之規定，自無從將懲罰性賠償解為包括非財產上之精神損害，或類推適用上引特別法之規定，得為倍數賠償之依據[12]。」

（三）最高法院見解

　　二審當事人對判決結果不服，向第三審法院上訴後，最高法院又表示不同意見，將原審判決廢棄發回台灣高等法院，其理由略為：「惟依系爭判決（見原判決附件）第三頁記載，關於一百萬元懲罰性賠償金（Punitive damages）係美國加州法院陪審團所作出之裁決，另實際損害三百六十萬元之三倍補償金（Compensatory damages）係加州法院依據『加州商業及專業法案』（California Business and Professions Code）第22444條及第22446.5條規定所為判決。該懲罰性賠償金與補償金之裁判，既分由陪審團及法官作成，其性質似有不同。原審未說明所憑依據，遽認補償金之性質屬懲罰性賠償，而為不利丙〇〇等人之認定，已有判決不備理由之違法。又外國法院之確定判決內容，有背中華民國之公共秩序或善良風俗者，不認其效力，民事訴訟法第402條第1項第3款定有明文。所謂有背於公共秩序者，係指外國法院所宣告之法律上效果或宣告法律效果所依據之原因，違反我國之基本立法政策或法律理念、社會之普遍價值或基本原則而言。查我國一般民事侵權行為及債務不履行事件雖無懲罰性賠償金之規定，然諸如消費者保護法第51條、公平交易法第32條第

---

[12] 台灣高等法院94年上字1008號民事判決。

1項等規定，已有損害額三倍懲罰性賠償金之明文規定，則外國法院所定在損害額三倍以下懲罰性賠償金之判決，該事件事實如該當於我國已經由特別法規定有懲罰性賠償金規定之要件事實時，是否仍然違反我國之公共秩序，即非無進一步推求餘地。丙○○等人上訴論旨，指摘原判決不利於己部分為不當，求予廢棄，非無理由。而加州商業及專業法案第22446.5條規定：移民顧問事業如有違反本法案情事者，法院應令其負擔實際損害額及相當於實際損害額三倍之補償金。其立法目的為何？有無違反我國基本立法政策或法律理念等公共秩序，攸關系爭判決應否承認而得強制執行，案經發回，宜請注意研究[13]。」故第二審就關於實際損害360萬元及律師費用等合計516萬6,363元本息部分予以維持（此部分後經確定），就100萬元懲罰性賠償金及720萬元倍數賠償金所為被上訴人敗訴判決部分，則廢棄發回台灣高等法院更審。

（四）更審台灣高等法院見解

　　本案發回台灣高等法院後，法官針對系爭判決命原告給付被告之費用之性質詳細分析，作成以下意見[14]：

1.系爭判決中由陪審團裁決命給付100萬元懲罰性賠償金部分，由於：「係因被上訴人主張上訴人有違反加州民法詐欺等不法侵害行為為原因事實。而我國民法就詐欺之被害人並無如加州

---

[13] 最高法院97年度台上字第835號民事判決。
[14] 台灣高等法院97年度上更（一）字第81號民事判決。

民法第3294條(a)項規定得請求懲罰性賠償金之規定；是此懲罰性賠償金，乃被害人已證明之實際損害以外之賠償，……自與我國民法損害賠償之法制以填補被害人損害為宗旨之基本理念有所牴觸。況且上揭加州民法第3294條(a)項規定（原文同上）被害人得請求之懲罰性賠償金並無『上限』之規定，一任陪審團酌定，而陪審團亦無須解釋其做成懲罰性賠償之理由，此在美國固有其為民眾接受之法制形成之背景與理想；但此在我國，既非我國固有基本法律理念或基本立法政策（法務部未擬於民法增訂懲罰性賠償詳見前引網路新聞1紙可知），亦未經我國立法機關審議認同，殊難為民眾所能預期，自有背於我國公共秩序。」故「系爭判決依加州商業暨專業法按實際損害酌定三倍賠償金結果後，復加算陪審團裁決之100萬元懲罰性賠償金，衡諸我國規定無異實質上一事兩罰。」

2. 而就加州法院法官判決之實際損害之賠償金1,080萬元（即實際損害360萬元之三倍賠償金）部分言，法院認為：「倍數賠償金（treble damages）是否等同懲罰性賠償金，此為首應探討者。」在檢討我國相關法律規定以及立法目的後，法院作了如下的結論：「『倍數賠償金』之立法目的若係為避免損害之舉證困難，則其與我國損害賠償之法制以填補損害為基本法律精神，尚無二致，尚可認同。若其為懲罰性賠償金，因其與我國民法損害賠償之法制以填補被害人損害為宗旨之基本理論尚有所牴觸，除少數特別法立法例外引進外，我國民法迄今未擬增訂懲罰性賠償之規定，此有網路新聞1紙可參……，仍有可議。則外國判決為懲罰性賠償金者，除與我國少數特別法之懲

罰性賠償金規定相容者外，即難謂與我國基本法律理念或基本立法政策無違。」

3. 高等法院進一步指出：「民事訴訟法第402條第1項第3款所謂有背於公共秩序者，係指外國法院所宣告之法律上效果或宣告法律效果所依據之原因，違反我國之基本立法政策或法律理念、社會之普遍價值或基本原則而言。則系爭判決外國法院所宣告之法律上效果其所依據之原因為何，即非無認識之必要。」故而推論：「系爭判決命給付實際損害額三倍賠償金，係因被上訴人主張上訴人等非法、不當執行移民顧問業務，違反加州商業及專業法案為原因事實。……移民業務尚非不可能屬於消費行為。……則移民與移民業務機構就移民業務所生糾紛，似非無消費者保護法適用之餘地。我國消費者保護法第51條……明文容許消費者得請求懲罰性賠償金。則系爭判決以違反加州商業及專業法案命給付實際損害額三倍賠償金部分，應與我國基本法律理念或基本立法政策無違。」

最後，法院之結論為：「系爭判決（除確定部分外）判命上訴人應連帶給付被上訴人美金100萬元懲罰性賠償金及利息部分，有違背我國之公序良俗，應不認其效力，不許可其強制執行；其餘依據加州商業暨專業法案第22446.5條規定判命應連帶給付美金720萬元賠償金本息部分，則無民事訴訟法第402條第1項各款情形，應承認其效力而許可強制執行。」

參、公序良俗排除外國懲罰性賠償金判決效力

　　綜合上開我國法院見解，應可認定我國法院在外國懲罰性賠償金判決的效力承認問題上，原則上以該外國判決所宣告之法律上效果，因為與我國之基本立法政策或法律理念、社會之普遍價值或基本原則相違，故而採取否認該外國懲罰性賠償金判決效力之立場。易言之，法院所持的理由，係以民事訴訟法第402條第1項第3款之「公序良俗」概念作為排除外國判決效力的標準。然而此處所謂公序良俗之內涵究竟為何？又此一公序良俗概念如何能成為排除外國法院判決效力之理由？均有進一步深入研究之必要。

一、國際私法上公序良俗概念之運用

　　在我國立法上，涉外民事涉及公序良俗之法律規定，主要有三個條文。第　個條文是民事訴訟法第402條第1項第3款，外國法院如有「判決之內容或訴訟程序，有背中華民國之公共秩序或善良風俗者」，我國法院將拒絕承認其效力；其次則是涉外民事法律適用法第8條：「依本法適用外國法時，如其適用之結果有背於中華民國公共秩序或善良風俗者，不適用之[15]。」以及非訟事件法第49條：「外國法院之確定非訟事件之裁判，有下列

---

[15] 舊法為第25條，條文內容為：「依本法適用外國法時，**如其規定**有背於中華民國公共秩序或善良風俗者，不適用之。」（粗體底線為作者自加）

各款情形之一者，不認其效力：……三、外國法院之裁判，有背公共秩序或善良風俗者。……」從法條文義看，三者似略有不同，前二者所謂「公序良俗」明文為「中華民國之公共秩序或善良風俗」，非訟事件法第49條卻無此限制。是以三者所指稱之公序良俗，究竟是否同為一事？國際私法上關於公序良俗之概念究竟應當為何？又如何以公序良俗排除外國判決之效力或外國法適用之結果？上開問題均值研究。

（一）國際公序的概念

　　毫無疑問地，所謂「公共秩序或善良風俗」本身為一種不確定的法律概念[16]，屬於立法者所希望的法律漏洞，其內容與價值有待法官在個案中補充，將其具體化，使法官因此負擔立法之任務，以因應變動之社會事實[17]。在世界各國的國際私法中，幾乎都能看到公序良俗條款的存在。作為維護一國之法律體系之基礎原則，在涉外民事案件法律適用的問題上，公序良俗條款扮演著猶如衝突法則煞車般的角色，其功能主要在於排除外國法適用，或是用以避免當事人間不公平之情事發生[18]。因此從功能的角度看來，在立法的設計上，公序良俗條款的標準本即應當具有

---

[16] 英美法上就公序良俗條款用語，通常以public policy稱之，而大陸法系國家如法國則稱之以ordre public，前者或可翻譯成「公共政策」，後者則為「公共秩序」，實則二者內涵、指涉與功能時常一致，均有相通之處。柯澤東，國際私法，元照，2010年修訂4版，頁158參照。

[17] 參考大法官會議釋字第586號解釋，楊仁壽大法官不同意見書中對於不確定法律概念之闡述。

[18] 劉鐵錚、陳榮傳，國際私法論，三民，2010年修訂5版，頁220以下參照。

相當的彈性，方便法官運用調整個案衝突法則之適用方式，以因應各種複雜的涉外民事問題。

　　然而，即使公序良俗的概念具有如此的不確定性，國際私法學者仍然普遍希望能夠盡量將這個概念控制在可被預測的範圍，至少需要確定的是，如何在合理的範圍內操作公序良俗條款這項機制，讓法官不至於濫用法庭地公序良俗的概念，造成對於當事人既得權可能的侵害。也因此，跳脫純粹內國法上立場思考公序良俗條款的角色與功能，便有相當之必要。在國際私法理論上，國際公序（l'ordre public international）概念的提出[19]，或許可以稍助於法官思考操作公序良俗條款時，應謹守謹慎原則，將公序良俗條款當成例外條款的適用，避免過度干擾既成的法律秩序[20]。

　　國際公序理論將內國公序良俗條款的概念二分化，基本上仍是從法庭地公序良俗的立場上立論。首先，其將純粹規範內國法律行為的強行規則，例如對於人之行為能力的規定，認為是內國公序，僅具有對內排除該法律行為在內國生效之作用；其次，其再將在涉外民事法律關係中某一特定之內國公序，認為是國際公序，例如重婚之禁止規定，具有絕對排除外國法適用的效力。然而，即使理論形式上我們可以將公序良俗區分為內國公序與國際

---

[19] 國際公序之概念由瑞士學者Charles Brocher所提出，此一概念常為大陸法系國家所接受，在法國，最早可溯自19世紀末，法國國際私法學者Bartin即已接受「內國公序」（l'ordre public interne）與「國際公序」的區分。許耀明，國際私法新議題與歐盟國際私法，元照，2009年，頁315以下參照；另參考馬漢寶，國際私法，自刊，2004年，頁238以下。

[20] 李後政，涉外民事法律適用法，五南，2010年，頁94以下參照。

公序兩種類型，實質上對於何謂國際公序這個問題卻始終無法提出一個具體而滿意的答案[21]。例如關於賭債的問題，究竟應該列為國際公序或是內國公序的範疇去處理，實在無法說得清楚：一方面我國在刑法上有賭博罪的明文規定，一方面在風俗上我們的社會卻對於節慶時餘興的賭博行為往往採取較為寬容的態度，那麼到底賭博這種行為是不是違反善良風俗？因賭博行為而生的賭債是不是應該一律論以違反公共秩序而歸於無效[22]？一直是困擾著私法學者的一個難題[23]。

---

[21] 我國國際私法學者大多均指出這種以公安分類為依據，解釋公安之意義，表面上看起來似乎是很清楚，但究竟何謂國際公安，其概念範圍仍不確定，有待探討。參考劉鐵錚、陳榮傳，國際私法論，前揭註18，頁220；柯澤東，國際私法，元照，2010年修訂4版，頁154。

[22] 學者有認為如賭博在外國依當地法律合法進行，當事人在我國法院對我國國民請求清償賭債時，仍得適用認定賭博為合法活動之外國法，但對於當事人依外國法合法成立之賭博預約，請求在我國境內進行或續行未完成之賭博活動者，則應排除該外國法之適用。陳榮傳，國際私法上賭債之問題，月旦法學雜誌，第2期，1995年6月，頁52-53參照。

[23] 就這個問題，我國國際私法學者向來沒有直接回答其在實體法上所採取的立場究竟為何，相反地卻將之導向另外一個問題，亦即「公序良俗條款的排除對象」上去討論。所謂公序良俗條款的排除對象，係指法院究竟是就外國法之內容為排除，或是就外國法適用之效果為排除。就此一問題，我國國際私法學者通說認為排除的對象應係「外國法適用之效果」，而非外國法本身。以多妻制問題為例，如外國人之本國法認許一夫多妻制，其第二妻之子對於該外國人死後遺留我國之財產主張繼承時，我國法院應適用該認許多妻制之外國法，以判定其子究竟有無繼承權，因為解釋上此時適用外國法之效果對於我國公序良俗並無違反之虞。但如果第二妻在我國境內要求履行同居義務，則適用外國法結果將有背於我國公序良俗（因為婚姻將合法有效，該外國人即須履行同居義務）。參考馬漢寶，國際私法，前揭註19，頁242；徐慧怡，同姓婚姻與公序良俗，收錄於國私法理論與實踐（一）劉鐵錚教授六秩華誕祝壽論文集，1998年9月初版，頁69。然而，本文認為這種切割方式仍然是有問題的：難道在前一種情形，適用外國法的效果不也等於是承認了重婚之後婚為有效之婚姻？這種重

　　除了上開理論模糊性的缺陷外，國際公序理論尚面臨著其他的挑戰，那就是「普遍公共秩序」（ordre public universel）概念的提出，一般稱之為「國際法之強行規則、法庭地之國際承諾或國際法律社群共同承認之正義要求」[24]。此一概念之提出使得公序良俗問題已不限於考慮內國公序良俗的適用範圍，而應當一併注意如何維護既存的普遍公共秩序[25]。而無論如何，國際公序理論目前仍為我國大多數國際私法學者所支持，此一理論不但影響法律衝突上如何選擇案件準據法，並且還進一步地影響管轄衝突上是否承認外國法院判決效力之立場。

（二）公序良俗概念在國際私法上的角色

　　鑑於公序良俗條款本身概念的模糊性，以及避免擴張法庭地法適用範圍造成武斷，在涉外民事法律適用的問題上，我國國際私法學者一向將公序良俗條款之適用視為例外。依照不同的立法規定，公序良俗條款在我國至少存在兩種不同的功能：首先是在法律衝突的問題上，公序良俗條款具有調和及維護內外國法律制度衝突的功能，在涉外民事法律關係案件中，為法官保留法律適用的裁量權力；其次則是在管轄衝突的問題上，公序良俗條款作為對於外國法院判決效力承認採取「形式審查原則」的一項例外，賦予法官適度地依照各外國判決之具體情形，進行實質的審查，以避免該外國判決之承認產生衝擊內國法律體系之結果。關

　　婚效力的承認果真沒有違反我國之公序良俗？實在值得再事斟酌。

[24] 許耀明，國際私法新議題與歐盟國際私法，前揭註19，頁323參照。

[25] 柯澤東，國際私法，前揭註16，頁175-179參照。

於後者，有必要為進一步之說明。

所謂形式審查原則，係指內國法院對於外國法院確定裁判之承認與執行問題採取終局性原則，基本上信任外國法院確定裁判之正當性，僅在一定情形下不承認外國法院之確定裁判[26]。是以在採行形式審查原則的前提下，通常內國法院法官僅針對一定之消極性要件對外國法院之確定裁判進行審查，我國民事訴訟法第402條第1項所列各款，以負面表列方式判斷對外國法院確定判決之效力，即可謂為形式審查原則之表徵[27]。

然而，採用形式審查原則並不表示完全禁止內國法院就外國法院裁判的實質內容進行審查。正如法國學者Mayer所闡釋，禁止再審查並非對於外國法院裁判本身內容再為檢驗，而是表達法院不得僅以外國法官見解與法國法官觀點不同時，制度性地拒絕承認該外國法院裁判之效力[28]。是以，如果內國法官嗣後地針對明顯不適當的外國法院裁判內容予以審查時，仍應認為這種審查是合法有效的。

---

[26] 在法國，稱為「禁止實質再審查原則」（le principe de l'interdiction de la révision au fond），自1964年的 *Munzer* 案後，法國法院實務即採行此一原則。

[27] 李沅樺，國際民事訴訟法論，五南，2007年2版，頁295-296參照；李後政，外國法院確定裁判之承認要件及效力之問題，收錄於國際私法論文集，五南，1996年，頁177-178。另有學者將承認外國判決之程序採實質審查制、形式審查制與自動承認制三分說者，認為我國所採取者為自動審查制。陳啟垂，外國判決的承認與執行，月旦法學雜誌，第75期，2001年，頁147-170（特別在頁156）。本文認為就上開制度內涵而論，形式審查原則實與自動承認制相去不遠，似無特別區別之必要，就外國法院確定裁判之承認與執行問題，我國立法以形式審查為原則，洵堪認定。

[28] V. Heuzé et P. Mayer, "Droit international privé", 8ᵉ éd., 2004, *Montchrestien*, p. 262 sui.

　　當內國法院法官以公序良俗條款作為否認外國法院確定裁判效力之理由時，事實上就是在針對外國法院確定裁判之內容進行實質之審查。民事訴訟法第402條授權我國法官對於外國法院確定裁判，得就其「內容」與「訴訟程序」進行是否違反我國公序良俗之審查，此意味著外國法院之確定裁判在實體法律關係的認定與訴訟程序的進行上，均必須至少與我國法律系統及立法政策趨向呈現相當程度的一致性，始得承認其效力。故解釋上而言，外國裁判之主文、事實及理由部分均得作為我國法院法官審查之對象[29]，在外國法院確定給付判決中，我國法官不但得就該外國法院判決中命被告提出如何之給付為是否違反我國公序良俗之實質上審查，對於判命被告給付之實體上與程序上之事實及理由，我國法官亦得斟酌判斷其中是否有違我國公序良俗之情事存在。

　　基本上，民事訴訟法第402條與涉外民事法律適用法第8條中所稱之「中華民國之公共秩序或善良風俗」概念，應屬同一，亦即同指我國學者一般所稱之「國際公序」者。故如我國法官欲以公序良俗為由拒絕承認外國法院確定裁判之效力，必須具體說明該外國法院確定裁判之內容或訴訟程序有何違反國際公序之情事，並謹守形式審查原則精神：尊重既得權，以及推定外國法院確定裁判之合法性[30]。

---

[29] 李沅樺，國際民事訴訟法論，前揭註27，頁306-307參照。

[30] 陳忠五，美國懲罰性賠償金判決在法國之承認及執行，收錄於美國懲罰性賠償金判決之承認及執行，學林，2004年，頁116以下。尊重既得權通常將導致公序良俗條款效力產生萎縮效果，在法國稱之為「公序之緩和效力」（effet atténué

　　綜上所述，在判斷是否承認外國懲罰性賠償金判決效力問題上，應探討之重心即為該外國懲罰金賠償判決之相關內容及訴訟程序是否有悖於我國國際公序之問題。

二、排除外國懲罰性賠償金判決效力的理由

（一）懲罰性賠償金判決的性質

　　懲罰性賠償金在美國普通法上的用語，有以punitive damages（懲罰性賠償）稱之，亦有以exemplary damages（警示性賠償）稱之，不過在大多數的情形下，這兩種稱呼經常是並用的[31]，主要是針對被告侵權行為人之行為如有惡意、詐欺、侮辱或放肆與魯莽，不顧原告被害人權利之情形（malice, fraud, insult, or wanton and reckless disregard of plaintiff's rights），法院得不依照原告之損害情形，判處被告超過實際損害額相當數目的賠償金，以示懲戒，並預防原告未來再發生相類似的侵權行

---

de l'ordre public）。另參考柯澤東，國際私法，前揭註16，頁164-165。

[31] 例外如Michigan州，該州法院認為exemplary damages與punitive damages不同，前者仍係出於賠償性質，是源於損害的賠償責任，並非出於懲罰的目的。參考 *Yamaha Motor Corp. v. Tri-City Motors & Sports, Inc.*, 171 Mich. App. 260, at 281 (Generally, exemplary damages are recoverable in damage actions which are based upon tortious acts involving malice, fraud, insult, or wanton and reckless disregard of the plaintiff's rights. Such damages are compensatory, not punitive, in nature.); *Rinaldi v. Rinaldi*, 122 Mich. App. 391, at 396 (Exemplary damages are compensatory in nature, not punitive, since they are actually an element of actual damages.); *McLaren v. Zeilinger*, 103 Mich. App. 22, at 25 (In *Wronski v. Sun Oil Co*, 1 we said that exemplary damages are compensatory in nature and not punitive, since they are properly an element of actual damages.)

為。因此懲罰性賠償金制度主要是著重在行為人的行為惡性，強調高額賠償的預防與嚇阻之功能[32]，與損害賠償制度原則上不論加害人加害情節輕重或行為惡性程度，僅就客觀上是否有損害，以及如何填補損害範圍之觀念有著極為顯著之區別[33]。

　　例如在 *Cooper Indus. v. Leatherman Tool* 案中，John Paul Steven 法官即表示：「儘管損害賠償與懲罰性賠償通常是同時由同一個決斷者作成，但上開兩種制度的目的各有不同。前者係對於原告因為被告的不法行為所受到的具體損害提供救濟；後者，有稱之為『準犯罪』者，是以『私罰金』的方式運作，意指處罰被告並制止未來不法行為的發生。陪審團評估原告的受損害範圍基本上係就實際損害而為決定，然而懲罰性賠償金的課徵卻是就一種道德譴責的表現[34]。」又如在 *Grimshaw v. Ford Motor Co.* 案中，被告出產的汽車具有瑕疵，導致汽車爆炸，車上小孩嚴重燒傷，陪審團認為被告運用成本效益分析，將被害人視為一種價格而非人的尊嚴，其不法行為嚴重蔑視被害人的價值，顯示

---

[32] 陳聰富，美國法上之懲罰性賠償金制度，前揭註1，頁18-31參照。

[33] 陳忠五，美國懲罰性賠償金在法國之承認與執行，前揭註30（特別在頁76）。

[34] *Cooper Indus. v. Leatherman Tool Group*, 532 U.S. 424 (Although compensatory damages an punitive damages are typically awarded at the same time by the same decisionmaker, they serve distinc purposes. The former are intended to redress the concrete loss that the plaintiff has suffred by reason of the defendant's wrongful conduct. Tha latter, which have been described as "quasi-criminal," operated as "private fines" intended to punish the defendant and to deter future wrongdoing. A jury's assessment of the extent of a plantiff's injury is essentially a factual determination, determination, whereas it's imposition of punitive damages is an expression of its moral condemnation.)

被告行為的不道德性，在於只重金錢，罔顧消費者性命，而判決
金錢賠償1億2,500萬美元作為懲罰[35]。類似案件均反映出懲罰性
賠償金的制度特質：這是一種針對被告行為主觀上的惡意，不
論其行為造成之實際損害範圍大小，為懲罰被告之惡行所設計之
一種報應、處罰或嚇阻的制度[36]。

然而，即使懲罰性賠償金制度具有上開接近刑罰制度的性
質，在一般情況下，仍應當認為懲罰性賠償金規範屬於民事規
範，而非刑事規範。易言之，懲罰性賠償金判決之性質仍屬民事
判決性質，而非刑事判決。此一問題極為重要，因為如果認定懲
罰性賠償金規範屬於刑事規範，則由於涉及到國家主權行使刑
罰權之問題，任何國家法院對於他國之刑事規範均不得任意援
用。以英國法院為例，傳統上英國法院不論是直接或間接，均表
明其拒絕適用外國刑法之意願。各國的刑事法規應嚴守屬地原
則，僅在其領土上發生效力，拘束在其各自領土上之人民，而
無域外之效果。也因此，英國Lord Denning MR在*SA Consortium
General Textiles v. Sun and Sand Agencies Ltd*案中即明白指出[37]，
在外國法院判決效力承認的場合，對於外國警示性賠償判決應
認為屬於民事判決，而非為刑事處罰，以承認該外國判決之效

---

[35] 陳聰富，美國法上之懲罰性賠償金制度，前揭註1，頁28-29。

[36] 就損害的部分，一般認為，即使被告所造成之損害結果甚微，只要原告對被告
提起之訴訟以符合訴因（cause of action）之要件，即可支持法院為懲罰性賠償
金之判決，易言之，原告得為「名義上的損害賠償」，要屬法院為懲罰性賠償
金判決之前提要件。參考林德瑞，懲罰性賠償金適用之法律爭議問題，月旦法
學雜誌，第110期，2004年，頁40-54（特別在頁42）。

[37] *SA Consortium General Textiles v. Sun and Sand Agencies Ltd* [1978] QB 279, at
299-300.

果。也因此，如果外國法規中有警示性賠償的規定，因此一規定被定性為「非刑事規範」，故法官仍得適用之。然而，對於其他「外加的賠償」（multiple damages），例如美國反托拉斯法中之倍數賠償金規定，因屬於刑事法規性質，故法官不得加以適用[38]。

　　本文同意上開英國法院見解，並認為在外國懲罰性賠償金確定判決承認問題上，亦應當考慮該外國判決之作成所根據之法規性質，究竟為刑事法規，抑或屬於民事法規。如係前者，則我國法院法官應得逕行否認該外國確定判決之效力，無須進一步考慮該懲罰性賠償金數額是否適當之問題；如為後者，則須進一步考慮是否該外國確定判決與我國公序良俗觀念有所違背，即該判決是否與我國私法上損害賠償制度有所違背之問題。

（二）與損害賠償制度的衝突

　　我國民法上現行損害賠償制度由責任成立及責任效果兩個部分所構成，在責任效果部分，其基本目的在於填補被害人所受之財產上損害，制度設計以被害人作為規範對象。至於加害人主觀上究竟出於故意或過失，對於損害賠償的內容或範圍的認定均不生影響，僅著重於客觀上損害發生範圍之事實，令加害人負填補該損害範圍之責任，此即所謂「損害填補原則」。此一原則主要見於民法第213條第1項之規定：「負損害賠償責任者，除法律另有規定或契約另訂定外，應回復他方損害發生前之原狀。」以

---

[38] Cheshire and North's, "Private International Law", *Oxford*, 13e ed., 2004, p. 111.

及民法第216條第1項：「損害賠償，除法律另有規定或契約另有訂定外，應以填補債權人所受損害及所失利益為限。」同時賦予被害人各種彈性之填補損害方法，以方便其實踐損害填補之目的[39]。

一般而言，損害賠償制度的功能在於使被害人取得該被侵害權益的價值內容，以該權益客觀上交易價值作為最低基準，並以「獲利禁止原則」為輔，防止被害人有不當得利之情事發生[40]。我國民法第216條之1：「基於同一原因事實受有損害並受有利益者，其請求之賠償金額，應扣除所受之利益。」關於損益相抵之規定，即為此一原則之表現。從我國所繼受大陸法系之民事責任原理而言，對於即使出於相同倫理根源之不法行為，在我國法律制度下仍將之區別民事責任與刑事責任，而為分別不同之處理。在民事責任上，無損害即無賠償[41]，與刑事責任仍有未遂之處罰，著重行為人與其行為之惡性者不同。並且民事責任亦不講求預防與處罰，並非如刑事責任以制裁為中心，亦無刑法謙抑性之考慮，然而懲罰性賠償金之規定，卻正違背了上開民事損害賠償制度之基本原則。

---

[39] 除要求債務人回復原狀與金錢賠償外，其他方式如民法第213條第3項「債權人得請求支付回復原狀所必要之費用，以代回復原狀」、民法第196條「不法毀損他人之物者，被害人得請求賠償其物因毀損所減少之價額」等，均為著例。參考王澤鑑，損害賠償法之目的：損害填補、損害預防、懲罰制裁，月旦法學雜誌，第123期，2005年，頁207-219（特別在頁208）。

[40] R. Saint-Esteben, "Pour ou contre les dommages et intérêt punitif", *Petit affiches*, 20 jan. 2005, n°14, p. 53.

[41] 此亦與美國侵權行為法的原理有所不同，美國法所承認之侵權行為類型中，即使無實際損害，亦可構成侵權行為，例如非法侵入（trespass）。

以賠償無確定標準之角度觀之，懲罰性賠償金似與慰撫金之情形相似。是以論者或謂，如果我國民法能夠接受未定有具體標準，亦非基於實際損害範圍之非財產上損害賠償制度，則又何以不能接受懲罰性賠償金制度[42]？誠然，在財產上的損害賠償部分，因為損害範圍可得具體確定，故堅守損害填補原則似較無疑問，然而非財產上損害賠償，雖然往往無法衡量被害人具體確定之損害範圍程度，但仍不得據此而論慰撫金之給予與懲罰性賠償金之判決同為一事。我國民法未就慰撫金之給予標準明確規定其計算之方式，法院一般將慰撫金之量定認為屬於法官之裁量權範圍。其所依據量定之標準，或為以「被害人之身分地位與加害人經濟狀況等關係定之」[43]，或為斟酌「雙方身分資力與加害程

---

[42] 我國實務上有判決將非財產上損害賠償與懲罰性賠償金相混者，例如台灣高等法院97年度上易字第935號民事判決：「我國一般侵權行為損害賠償訴訟，雖無『懲罰性賠償金』之規定。然於人格被侵害受有非財產上（即精神上）損害賠償時，其核給之標準固與財產上損害之計算不同，然非不可斟酌雙方身分資力與加害程度，及其他各種情形核定相當之數額以賠償依據，此經最高法院51年度台上字第223號著有判例可參。本件被上訴人在美國法院請求損害賠償之法律依據係美國內華達州修正法第41章第337條（見原審卷第26頁），而該條規定：『如發生依據第336條應予彌補之情形，但加害人未於20日內透過報紙或廣播以相當方式聲明其行為誹謗，原告得證明上開應彌補而未彌補之情形並請求一般及特別之賠償。此外，若原告得證明被告係出於真實惡意而以報紙或廣播散播言論時，原告得請求『懲罰性賠償金』（exemplary damages）。真實惡意不應出自報紙或廣播中之假設或臆測』（本院卷第298頁）。可知該條所稱『懲罰性賠償金』無非係就加害人出於真實惡意而以報紙或廣播散播誹謗言論時之賠償方法，實與我國人格權被侵害請求精神上損害賠償時，所應審酌之加害手段與加害程度者無殊。是系爭確定判決判命上訴人給付『懲罰性賠償金』10,000元部分，尚難遽認與我國公序良俗有違。」

[43] 最高法院47年台上字第1221號判例參照。

度，及其他各種情形核定相當之數額」[44]。但無論如何，慰撫金的給予並非基於對於加害人之懲罰或是制裁而生，是否給予慰撫金亦不以加害人是否有故意或過失、其行為是否惡性重大為考量依據[45]，其目的在於慰藉被害人之痛苦，故應認為慰撫金仍寓有損害填補之性質[46]，而與懲罰性賠償金有別。

懲罰性賠償金直接對於我國民事損害賠償制度之衝擊，大致上有兩個層面：其一，懲罰性賠償金極有可能混淆我國向來區分民事賠償責任與刑事責任的民刑分立原則，使得我國法院有可能因承認外國懲罰性賠償金確定判決，而踰越了國家刑罰權行使的分際，間接地傷害本國主權。並且，在某些案件中，有可能造成一事二罰的結果[47]；其二，與損害不相稱的懲罰性賠償金基本上違反了損害填補原則，不但使得損害與賠償之相當性失去意義，並將造成被害人因此不當得利。

在第一個層面上，涉及到外國懲罰性賠償金是否具有刑罰性質之問題。如果答案為肯定，則毫無疑問法院應否認該外國懲罰性賠償金判決之效力。主要理由為各國均無義務去執行或承認一個涉及外國主權行使的刑事判決，一國之刑事判決應嚴守僅在其

---

[44] 最高法院51年台上字第223號判例參照。

[45] 王澤鑑，損害賠償法之目的：損害填補、損害預防、懲罰制裁，前揭註39，頁217。

[46] 詹森林，非財產上損害與懲罰性賠償金，月旦裁判時報，第5期，2010年，頁32-39（特別在頁38）。

[47] 例如在違反公平競爭的案件中，行為人的同一個違反公平競爭行為可能同時受到民事、刑事與行政責任之制裁，對於行為人而言是否公平，承認此一併罰之判決是否妥當，均值懷疑。

領土範圍內有其效力之原則，絕無域外之效力。而在第二個層面上，則涉及到外國不相稱的懲罰性賠償金判決，是否違反法庭地國之國際公序問題。

　　本文認為，原則上外國確定判決所依據之懲罰性賠償金制度，如其目的非專為懲罰或制裁被告而設，則我國法院原則上似仍應承認該外國懲罰性賠償金確定判決之效力為宜。惟在該外國確定判決所判處之懲罰性賠償金數額部分，我國法院應根據比例原則，審查該懲罰性賠償金數額與被害人間實際損害有無顯不相當之情形。如發現懲罰性賠償金數額有顯不相當於被害人實際所受損害之情形，應認該外國懲罰性賠償金確定判決屬違反我國公共秩序與善良風俗，而拒絕承認其判決之效力。上開見解，主要鑑於：

1.在損害賠償訴訟中，實際損害並非唯一考慮之要件：易言之，即便是難以證明實際損害之非財產上之損害賠償，我國損害賠償制度亦承認原告得據此為慰撫金之請求。故如欲以懲罰性賠償金之判給不符實際損害填補之原則而拒絕該外國法院懲罰性賠償金確定判決之效力，其說服力似仍有欠缺。

2.以行為人不法行為主觀要件為考量之制裁性賠償，在我國法律制度中並非少見：例如公平交易法第31條第1項：「法院因前條被害人之請求，如為事業之故意行為，得依侵害情節，酌定損害額以上之賠償。但不得超過已證明損害額之三倍。」專利法第97條第2項：「依前項規定，侵害行為如屬故意，法院得因被害人之請求，依侵害情節，酌定損害額以上之賠償。但不得超過已證明損害額之三倍。」消費者保護法第51條：「依

本法所提之訴訟，因企業經營者之故意所致之損害，消費者得請求損害額五倍以下之懲罰性賠償金；但因重大過失所致之損害，得請求三倍以下之懲罰性賠償金，因過失所致之損害，得請求損害額一倍以下之懲罰性賠償金。」等，皆為著例。故至少於同類型案件，我國法律體系並不排斥懲罰性賠償金制度之適用，亦難認該同類型案件之外國法院確定判決有違反我國國際公序之情事。

3. 從國際趨勢上而論，比較法上與我國同為大陸法系，以損害填補制度為民事責任體系之基本原則的法國，其最高法院（Cour de cassation）新近在 *La societe Foutaine Pajot* 案中[48]，明白表示懲罰性賠償金判處原則並不違背法國之公共秩序，僅在懲罰性賠償金數額顯然與被害人所受損害不成比例（disproportionne）時，始否認其效力，對於懲罰性賠償金制度採取原則承認，例外否認之立場，可資參照。

---

[48] Cass. civ., n° 1090 du 1 déc. 2010. 該案為住在美國之美國籍原告，為個人及家庭用途，向法國 Foutaine Pajot 公司購買一艘雙體船，因法國公司隱瞞該船具有重大瑕疵，致原告受有損害，該案經美國加州最高法院作成確定判決後，原告持該判決至法國對被告聲請法院發執行命令（l'exequatur）。法院判決原文為：Mais attendu que si le principe d'une condamnation à des dommages intérêts punitifs, n'est pas, en soi, contraire à l'ordre public, il en est autrement lorsque le montant alloué est disproportionné au regard du préjudice subi et des manquements aux obligations contractuelles du débiteur; qu'en l'espèce, l'arrêt relève que la décision étrangère a accordé à l'acquéreur, en plus du remboursement du prix du bateau et du montant des réparations, une indemnité qui dépasse très largement cette somme; que la cour d'appel a pu en déduire que le montant des dommages intérêts était manifestement disproportionné au regard du préjudice subi et du manquement aux obligations contractuelles de sorte que le jugement étranger ne pouvait être reconnu en France; que le moyen ne peut être accueilli.

肆、判決評析

一、判決意旨回顧

整理系爭高等法院判決，法院之原則略為：

（一）首先，法院將系爭判決中之被告應給付之賠償金類型，區分為懲罰性賠償金與倍數賠償金（treble damages）二類。

（二）在懲罰性賠償金部分，法院認為，如係被害人已證明之實際損害以外之賠償，即與我國民法損害賠償之法制以填補被害人損害為宗旨之基本理念有所牴觸。故「系爭判決依加州商業暨專業法按實際損害酌定三倍賠償金結果後，復加算陪審團裁決之100萬元懲罰性賠償金，衡諸我國規定無異實質上一事兩罰」。而不應承認此部分判決之效力。

（三）在倍數賠償金部分，法院認為倍數賠償金似非等同懲罰性賠償金，其立法目的主要係為避免損害之舉證困難，與我國損害賠償之法制以填補損害為基本法律精神，尚無二致，與我國基本法律理念或基本立法政策無違。

（四）是以，法院最後判決結果為：懲罰性賠償金及利息部分，因有違背我國之公序良俗，故不認其效力，不許可其強制執行；至於倍數賠償金部分，則應承認其效力而許可強制執行。

二、評析

　　從歷審判決中，可以觀察到我國法院對於外國懲罰性賠償金制度，均採取違反我國基本法律理念與立法政策，而拒絕承認系爭外國法院懲罰性賠償金確定判決效力之立場。台北地方法院雖然以「消費者保護法第51條、公平交易法第32條第1項（編按：現行法第31條第1項）等均有懲罰性賠償金之規定，此涉及我國立法政策之考量，不得因此遽認外國判決有關懲罰性賠償金之判決違反我國之法律，而為我國公共秩序及善良風俗所不許」為理由，承認該外國法院懲罰性賠償金確定判決效力，但此一理由顯然並不充分，亦未為台灣高等法院所接受。

　　在外國法院懲罰性賠償金確定判決效力的立場上，高等法院始終一致認為：「基本上，將損害賠償法體系之基本機制置於填補損害之我國，基於處罰及嚇阻為目的之懲罰性賠償判決，顯與現行民法基本原則有所扞格，難以承認。」但對於如何認定系爭外國判決命被告給付者為懲罰性賠償金這個問題上，推論顯然不夠細緻，這也就是最高法院嗣後指正高等法院判決的部分。最高法院認為，系爭外國確定判決：「懲罰性賠償金與補償金之裁判，既分由陪審團及法官作成，其性質似有不同。原審未說明所憑依據，遽認補償金之性質屬懲罰性賠償，而為不利丙○○等人之認定，已有判決不備理由之違法。」故認為高等法院應該將系爭外國確定判決中，關於懲罰性賠償金與補償金之類型部分說明清楚。此外，最高法院並提出與台北地方法院同樣的質疑，認為：「我國一般民事侵權行為及債務不履行事件雖無懲罰性賠償

金之規定，然諸如消費者保護法第51條、公平交易法第32條第1項（編按：現行法第31條第1項）等規定，已有損害額三倍懲罰性賠償金之明文規定，則外國法院所定在損害額三倍以下懲罰性賠償金之判決，該事件事實如該當於我國已經由特別法規定有懲罰性賠償金規定之要件事實時，是否仍然違反我國之公共秩序，即非無進一步推求餘地。」似可認定最高法院有意將與我國特別法上所規定得適用懲罰性賠償金之同類型案件為相同之看待，認為此際並無違反我國公共秩序之問題。

　　惟觀諸歷審判決內容，我國法院均未引用國際公序理論，以作為排除外國法院懲罰性賠償金確定判決效力之標準，亦未就何謂我國基本法律理念或基本立法政策為具體之認定與說明，在論述層次上略顯不夠細緻，是為可惜之處。然而，在探討懲罰性賠償金的性質問題上，台灣高等法院在其更審判決中強調：「系爭判決外國法院所宣告之法律上效果其所依據之原因為何，即非無認識之必要。」顯見我國法院已經意識到，就外國法院懲罰性賠償金確定判決效力之審查，非可單純以法律上文義規定作為判斷標準，而應從整體法律體系之基本原則與價值精神為考量[49]，實屬可貴，其理念殊值肯定。

---

[49] 沈冠伶，美國倍數賠償金判決之承認與執行，台灣法學雜誌，第117期，2008年，頁41-54。作者認為美國倍數賠償金是否違背我國公序良俗，宜視美國法上之特別規定及其立法意旨而定，難以一概而論，如外國法規定目的仍係損害賠償，而非具懲罰性，則可謂與我國損害賠償法制相符，此種倍數賠償金型態即難謂有違我國之公序良俗。

伍、結 論

綜上而論，本文以為我國法院在面對外國法院懲罰性賠償金確定判決效力問題時，似應為如下之考慮：

一、當外國法院懲罰性賠償金確定判決明顯目的在於懲罰或制裁被告，或是該外國法院懲罰性賠償金確定判決之性質可認為屬於刑事判決時，我國法院應以該判決有違我國國際公序，依據民事訴訟法第402條第1項第3款規定，全面拒絕承認該外國確定判決之效力。

二、當外國法院懲罰性賠償金確定判決之性質為民事判決，且該案件類型於我國法律制度上亦有相同之懲罰性賠償規定者，我國法院應承認該外國確定判決之效力。

三、即使我國法院原則上承認該外國法院懲罰性賠償金確定判決之效力，當該外國確定判決所判處之懲罰性賠償金數額明顯過高，不成比例時，我國法院仍得以該外國確定判決之內容違反我國國際公序為由，拒絕承認其效力。

參考文獻

中文部分

王澤鑑，損害賠償法之目的：損害填補、損害預防、懲罰制裁，月旦法學雜誌，第123期，2005年，頁207-219。

李沅樺，國際民事訴訟法論，五南，2007年2版。

李俊政，外國法院確定裁判之承認要件及效力之問題，收錄於國際私法論文集，五南，1996年，頁177-178。

李後政，涉外民事法律適用法，五南，2010年。

沈冠伶，美國倍數賠償金判決之承認與執行，台灣法學雜誌，第117期，2008年，頁41-54。

林德瑞，懲罰性賠償金適用之法律爭議問題，月旦法學雜誌，第110期，2004年，頁40-54。

柯澤東，國際私法，元照，2010年修訂4版。

徐慧怡，同姓婚姻與公序良俗，收錄於國私法理論與實踐（一）劉鐵錚教授六秩華誕祝壽論文集，1998年9月初版，頁69。

馬漢寶，國際私法，自刊，2004年。

許耀明，國際私法新議題與歐盟國際私法，元照，2009年。

陳忠五，美國懲罰性賠償金判決在法國之承認及執行，收錄於美國懲罰性賠償金判決之承認及執行，學林，2004年，頁116以下。

陳啟垂，外國判決的承認與執行，月旦法學雜誌，第75期，

2001年，頁147-170。

陳隆修，比較國際私法，五南，1989年。

陳榮傳，國際私法上賭債之問題，月旦法學雜誌，第2期，1995
年6月，頁52-53。

陳聰富，美國法上之懲罰性賠償金制度，收錄於美國懲罰性賠償
金判決之承認及執行，學林，2004年，頁11以下。

詹森林，非財產上損害與懲罰性賠償金，月旦裁判時報，第5
期，2010年，頁32-39。

劉鐵錚、陳榮傳，國際私法論，三民，2010年修訂5版。

外文部分

Cheshire and North, "Private International Law", *Oxford*, 13e ed.,
2004.

R. Saint-Esteben, "Pour ou contre les dommages et intéerêt
punitif, Petit affiches", 20 jan. 2005, n°14, p. 53.

V. Heuze et P. Mayer, "Droit international privé", 8ᵉ éd.,
Montchrestien, 2004.

第二部分

法律衝突論

|第一章|
衝突法則總論：定性、反致、定性的反致

壹、前　言

　　眾所咸知，國際私法的研究內容之一，主要是針對涉外私法關係中，受訴法院應當適用何國法律的檢驗機制的探討[1]。而在傳統選法理論中，無論是學者或是實務，一向將這套檢驗機制歸結為以下幾個階段：涉外因素、國際管轄權、定性、連繫因素判定與準據法找尋等。這幾個階段，是屬於歷時性的（diachronique），亦即其彼此間在邏輯上具備前後的關係[2]。並

---

[1] 即一般傳統「小」國際私法的概念。將國際私法理論研究集中於法律衝突部分之研究。有關國際私法的研究內容範圍問題，請參照賴來焜，基礎國際私法學，2004年6月版，頁26以下；又請參考專文，賴來焜，中國大陸地區國際私法之最新發展，收錄於國際私法理論與實踐（一）：劉鐵錚教授六秩華誕祝壽論文集，學林，1998年版，頁31；林恩瑋，大陸法系國際私法選法理論方法論之簡短回顧，法令月刊，第56卷第3期，2005年3月，頁37。

[2] 以我國為例，學者間最早對於國際私法選法理論階段所整理的意見為馬漢寶大法官，見馬漢寶，談國際私法案件之處理，軍法專刊，第28卷第11期，1982年11月，頁3，其將選法方法分為數階段：涉外案件、國際管轄權、定性、連繫因素與準據法的適用等。此一階段說雖然學者對之有所批評，認為涉外民事問題具有個別性，無法簡化為某一通則性的問題，因此不宜機械式地套用某種公

且，所謂的準據法一旦確認，程序上即應當以所選擇準據法之國之實體法對系爭案件為進一步之實體判決。

　　成問題者，為經由國際私法選法程序所擇選的案件準據法，所指定者為外國法時，此時法官是否需併予考慮該外國法系統中之國際私法？從而，當依照該外國國際私法的規定對本案重新進行選法，發現該外國國際私法就本案迴避適用該外國之實體法時，即生反致（renvoi）之問題[3]。

　　就定性問題，我國法律對之並無明文，一般的實務意見與學者看法多採法院地法主義（*Lege fori*）[4]為原則。換言之，即以法院地法之法律系統概念，對案件作適當的分類與法律性質的

式掩飾對個別問題的處理困境，陳榮傳，國際私法的定性、再定性，台灣本土法學雜誌，第40期，2002年11月，頁129參照。惟此一選法方法的階段論，大體來說其邏輯上的前後關係仍為學者間所肯定，例如柯澤東，國際私法，元照，2004年10月4版，頁58；在法國，這種選法理論的階段性亦被廣泛接受，見H. Fulchiron, "Travaux Dirigés de Droit international privé", *Litec*, 2001, n°45; Y. Loussouarn et P. Bourel, "Droit international privé", *Précis Dalloz*, 7ᵉ éd., 2001, n°5; P. Mayer et V. Heuzé, "Droit international privé", *Montchrestien*, 7ᵉ éd., 2001, n°1; D. Holleaux, J. Foyer, G. de Geouffe de la Pradelle, "Droit international privé", *Masson*, 1987, n°271; J-L Elhoueiss, "L'émément d'extranéité préalable en Droit international privé", *J.D.I.*, 1, 2003, p. 39.

[3] 反致的問題無論在何種法系，都被提及討論過。而其主要發生的背景則在於法院地法官對於涉外案件適用外國法時，所可能產生的選法考慮。相關概念說明詳見本文後述討論。

[4] 馬漢寶，國際私法總論，自刊，2004年，頁265以下；劉鐵錚、陳榮傳合著（下稱劉陳合著），國際私法論，三民，2004年3版，頁526；藍瀛芳，國際私法導論，自刊，1995年，頁52；蘇遠成，國際私法，五南，2002年5版，頁46。亦有學者採比較法說，如劉甲一，國際私法，三民，2001年3版，頁125；或兼採比較法說，如柯澤東，國際私法，前揭註2，頁75；或彈性運用法理說，如陳隆修，比較國際私法，五南，1989年，頁29。

確定[5]。而反致問題，我國涉外民事法律適用法（下稱涉民法）則對之有明文規定。按我國通說之見解，涉民法實即為我國國際私法之規定，舊法第29條謂：「依本法適用當事人本國法時，如依其本國法就該法律關係須依其他法律而定者，應適用該其他法律，依該其他法律更應適用其他法律者亦同。但依該其他法律應適用中華民國法律者，適用中華民國法律。」可知我國亦承認反致理論，並且類型上至少可分為三類，即一般所謂「直接反致」、「轉據反致」與「間接反致」者[6]。

　　法國在立法體例上，並無成文之國際私法。是以該國之國際私法理論，讓諸學說理論與判例、公約等法源為補充[7]。在定性問題上，除少數學說外，實務上普遍亦採取法院地法主義，

---

[5]　就定性的階段，我國學者有將之分為「訟爭定性」、「連繫因素定性」與「準據法定性」等階段。陳榮傳教授則曾提及「再定性」的問題。以定性的階段來說，所謂「定性的反致」往往於「再定性」的階段中發生，然而概念上「定性的反致」仍然屬於「隱藏性的法律衝突」，詳見本文後述討論。

[6]　我國學者對反致之分類，大可分為兩種類型，一是遵循大陸法系法國對反致的分類方式，即將反致的種類分為「一級反致」與「二級反致」；另一種則是依照我國涉外民事法律適用法之規定，將反致分為「直接反致」、「轉據反致」與「間接反致」三類；另有將之分為「全部反致」與「部分（一部）反致」者。實則就其內容，「一級反致」即為「直接反致」，「二級反致」即為「轉據反致」。而所謂「間接反致」則為我國涉外民事法律適用法舊法第29條之特別規定類型，在世界各國中甚為罕見，詳見本文後述討論。

[7]　賴來焜，當代國際私法學之基礎理論，2001年，頁314。受到歐洲國際私法統一運動的影響，法國的國際私法漸有系統化的趨向，C. Kessedjian, "Le passé et l'avenir du droit international privé européen dans le cadre de l'intégration de l'Union européenne", *RA.E.-L.E.A.*, 2001-2002, p. 411。中文另請參考許耀明，歐盟統一國際私法之發展：以「管轄權規則」與「契約準據法公約」為例，月旦法學雜誌，第110期，2004年7月，頁93。

著名的*Caraslanis*案[8]即昭示此一原則，並為日後法院實務所遵行不悖。在反致問題部分，起源於1878年6月24日的名案*Forgo c. Administration des Domaines*[9]則是確立了反致的這項理論，這也是最早意識到反致理論的法國法院案例。是以法國在定性問題及反致理論的發展，很早便已成型。彼邦對此一部分之學說理論與實務發展意見紛陳，頗值研究參考。

　　實則，就是否承認反致理論而言，學說上迭有爭議[10]。一般而言，支持反致的理由不外乎為「調和」各法律系統之衝突而發。這主要是因為各國之國際私法規定存在著差異性，使得同一案件中之法律關係，往往可能因為起訴地不同，適用不同國家的國際私法，而導致不同之選法結果[11]。

---

[8] Ch. Civ., 1re sect., 22 juin 1955, *RCDIP*, 1955, p. 723, note Batiffol; D. 1956, p. 73, note Chavrier; aussi voir B. Ancel et Y. Lequette, *Les grands arrêts de la jurisprudence française de droit international privé* (ci-après Les grands arrêts), Dalloz, 4e éd., n 27. 該案對於婚姻之舉行，認為應依法國法定性為婚姻之形式要件問題。

[9] Ch. Civ. 24 juin 1878, D. 1879. 1. p. 56; Clunet 1879, p. 285; *Les grands arrêts*, n 7. 國內翻譯作「福哥案」，見蘇遠成，國際私法，前揭註4，頁57；劉陳合著，國際私法論，前揭註4，頁495；或作「福果案」，見曾陳明汝，國際私法原理（上集），學林，2003年7版，頁311；「法魯克」案，劉甲一，國際私法，前揭註4，頁132。

[10] 反對反致者，最主要的理由在於反致在邏輯上的缺陷，以及質疑反致調和不同法律的效果。

[11] 基於國際私法的「個別主義」出發觀點，反致的理論對於各個不同的國家法律系統有調和的作用，這也是支持反致理論的主要原因。防堵「任擇法院」（forum shopping）以及盡力促成判決的一致，乃是國際私法學界長久以來熱衷的話題，主張反致理論者確信反致可以達成這些目標，進而調和不同法律系統國家間所可能存在的主權衝突問題。

　　反致理論即是因為這種調和不同法律系統的考慮受到支持。而「定性的反致」者，則係著眼於定性階段，亦可能存在反致的問題。易言之，各國法律系統對於同一案件中的法律關係所為的法律定性，同樣可能存在著解釋上與概念上的差異。這些解釋上與概念上的差異，也會影響到準據法的選擇，進而導致不同的選法結果。當這種歧異造成準據法適用的「消極衝突」時，反致的問題就隨之浮現[12]。

　　最明顯的例子是時效的問題。在大陸法系的概念中，時效問題屬於實體法的性質，而在英美法系的概念中，傳統上則是認為時效是程序法性質[13]。那麼，當一個涉外案件牽涉到時效的爭議時，是否大陸法系的法官必須考慮到這種對法律概念解釋上的歧異性，而以英美法官的概念定性？從而，當法院地在大陸法系時，該案件因為依照英美法的概念定性後，「反致」適用大陸法系的法律。這種情形，即稱為「定性的反致」[14]。

---

[12] 從法律衝突的類型來說，反致即意味著準據法適用的消極衝突。亦即當案件適用外國法時，該外國法對本案迴避適用，而將之改向適用於第三國法或法庭地法。此時的衝突型態為外國法與本國法均消極地不適用，故稱為「準據法適用的消極衝突」。

[13] 英國習慣法上將時效問題分為兩類，即權利（right）消滅的時效與救濟（remedy）消滅的時效，後者在習慣法的傳統上被認為係程序性的規定，屬於程序法。惟近年來受到1980年羅馬契約準據法公約影響，已漸有將時效問題認定為實體法規範問題，而適用主契約之準據法（lex causae）之趨勢。美國亦同。相關發展請參考陳隆修，比較國際私法，前揭註4，頁142以下；Dicey and Morris, The Conflict of Laws, 13th ed. (Lawrence Collins), London, 2000, p. 176.

[14] 法國學者就此最常舉出的例子為婚約之解除。在法國法定性上，婚約之解除為侵權行為性質，適用行為地法原則（*Lex locus actus*），而在德國法定性上，則認其為身分問題，為屬人法事項（le statut personnel），適用本國法主義。則我

成問題者，這種「定性的反致」理論究竟有無承認之必要？如果我們承認這個理論，那麼所可能面臨的問題會有哪些？

實則「定性的反致」理論，跨連了定性與反致兩個特殊的國際私法概念領域。為回答上述問題，本文以為應可從兩個方向拓深研究的主題：第一部分，從學理上出發，討論定性的反致理論基礎與其概念的發展，並說明該理論成立的可能；第二部分，則是從實務的發展觀察，我們提列對於定性的反致理論迭有研究的法國法院判例，以與我國實務見解對照，說明該理論所可能出現的問題，與解決的方案。

貳、理論基礎與概念發展

「定性的反致」理論的概念，各國在實務上並非少見，但相較之下，學理上的探討並不熱絡。特別在我國，僅有陳榮傳教授曾提及反致後的「再定性」（second, additional characterization）問題等類似研究[15]，但對於進一步或其他可能衍生的定性的反致問題則未有著墨。在法國，定性的反致問題在

們可設想一個情形：兩個法國人在德國解除婚約，此時依德國國際私法，應適用本國法，即法國法，而依法國國際私法，則應適用解除婚約之行為地，即德國法。若案件在法國提起，則法國法官依照法國國際私法原則定性本案為侵權行為，適用德國法之後，是否仍須再依德國法定性，而反致適用法國法？此即為「定性的反致」問題。

[15] 陳榮傳，國際私法的定性、再定性，前揭註2，頁135參照。

學者間則多有討論。著名的法國國際私法學者，如Holleaux[16]、Francescakis[17]、Batiffol[18]、Lequette[19]、Audit[20]與Loussouarn[21]等，都在他們的著作中提到這個問題與概念。

　　因此，所謂定性的反致理論並非一個全新的國際私法學上的問題。於此本章即嘗試以我國學界既有之概念，結合法國學界的討論，就定性的反致理論的提出與其發展為進一步討論。

一、理論的提出

　　有關定性的反致理論提出，可從此問題所牽涉之相關概念的辨異與問題的發生開始，亦即何謂定性？何為反致？繼就理論上之觀點，說明學界長久以來忽視此一問題之可能原因。

（一）反致與定性：概念辨異與問題提出

　　在傳統選法理論上，定性被認為是屬於「先設」（a priori）的階段。亦即在法官針對案件中的各項連繫因素事實審酌前，必須先對訟爭的案件事實作法律的定性，以確定系爭涉外案件應當注意的連繫因素，進而選擇何準據法[22]。

---

[16] D. Holleaux, J. Foyer, G. de Geouffe de la Pradelle, *op. cit.*, n°510.

[17] Ph. Francescakis, "La théorie du renvoi et les conflits de système en droit international privé", 1958, n°81, 168.

[18] H. Batiffol et P. Lagarde, "Droit international privé", t.1, L.G.D.J., 8e éd., 1993, n°310.

[19] Y. Lequette, "Le renvoi de qualification", *Mél. D. Holleaux*, 1990, p. 249.

[20] B. Audit, "Droit international privé", *Economica*, 3e éd., 2000, n°199, 210, 224.

[21] B. Ancel et Y. Lequette, *op. cit*, n°198-3.

[22] 定性的對象客體（objet）究為法律或事實，在學說上曾有爭議，目前咸認係以

　　就選法的階段上來說，反致屬於在法院地國際私法選擇完案件之準據法後，法官所應該進一步考慮的問題[23]。然而，這並不意味著法官對於反致的思考必然是在案件準據法選擇之後進行的。事實上，由於各國法律系統與其各自的法律制定目的性的差異，使得法官在涉外案件所面對的法律衝突顯得無法避免，「定性問題」於是乎成為法官所面臨的第一個棘手問題。

　　有關法官應該依照何種標準對案件定性，一般學說上有法院地法說、準據法說與比較法說等。通常為了實際便利起見，法院實務上多採法院地法作為標準。而主張準據法說者，主要係認為只有案件的準據法才能夠對於案件為合理的定性，而不至於曲解外國法律。但這種說法確有著邏輯上的缺點，首先是定性與選擇準據法間，有著邏輯上先後的問題[24]；其次。如果我們從雙面法則的特性去檢驗，也會發現類似準據法說的理論，是不適合適用於雙面法則的[25]：因為適用準據法說，往往更難以決定案件的性質。例如一對希臘人在法國公證結婚，卻未舉行教會儀式的婚

訟爭案件事實為定性的對象，惟此一問題為國際私法上之一大難題，在法國學者間亦多有爭論。J-L Elhoueiss, "Retour sur la qualification lege causae en droit international privé", *J.D.I.*, 2, 2005, p. 281, spéc. p. 290.

[23] 劉甲一，國際私法，前揭註4，頁126；梅仲協，國際私法，三民，1990年9版，頁214；馬漢寶，國際私法總論，前揭註4，頁245；劉陳合著，國際私法論，前揭註4，第492頁特別指出：「唯此最後階段有問題者……導致了國際私法上反致問題之發生。」

[24] 陳隆修，比較國際私法，前揭註4，頁10；劉陳合著，國際私法論，前揭註4，頁524參照。

[25] H. Batiffol et P. Lagarde, *op. cit.*, n°295; Y. Loussouarn et P. Bourel, *op. cit.*, n°187; P. Mayer et V. Heuzé, *op. cit.*, n°167; B. Audit, *op. cit.*, n°201. 其幾乎一致認為，準據法說不適用雙面法則，只能在單面法則的情形下被考慮。

禮。就有關結婚儀式的問題，法國法定性為婚姻的形式要件問題，適用舉行地法，即法國法，使婚姻有效；然依照希臘法則定性教會儀式為婚姻的實質要件問題，應該依照當事人本國法，即希臘法，而使婚姻無效[26]。此時因為兩個法律制度對於同一個教會儀式的問題相持不下，且無法調和。而無論法國法或是希臘法，在雙面法則的運作下，都有可能成為案件的準據法，法院無法偏愛其中任何一種法律為案件的定性，更何況依照不同法律定性的結果，亦將影響到婚姻的效力。

　　也因此適用法院地法作為案件的定性，相較之下可以省卻掉準據法說所帶來的許多困擾。但這不意味著法院地法便是定性的唯一標準：事實上，準據法說作為一種調和的方式，有時候基於同一種目的或價值，可以幫助法院就本案找到更合理的解決方案[27]。也就是說，採用準據法說定性，法院可以因此反向地利用各國法律系統的差異性，透過定性的方式，為具體的個案尋找出合理的判決結果[28]。

　　如果說定性並非國際私法所特有的問題，那麼反致問題則確為國際私法所獨有的現象[29]。從反致問題我們可以看出國際間存在著不同法律系統的現實，從而對於這些不同的法律系統之

---

[26] 此即法國判例*Caraslanis*案之內容，前揭註8之說明。

[27] 陳隆修，比較國際私法，前揭註4，頁28以下。其主張：「在一些例外案件中，為了達成公平正義之判決，法院一不得不彈性地採取準據法理論，（……）法律操作定性技巧之真正目的，可能是為了維護法院地之強烈政策（policy）或所認定之價值（value），以達成其心目中真正公正之判決。」頗值參考。

[28] J-L Elhoueiss, *op. cit.*, p. 312.

[29] 同此意見，陳隆修，比較國際私法，前揭註4，頁97以下。

間，究竟應該如何調和，即是提倡反致者的主要關切所在。

　　就傳統理論而言，反致的現象主要出自於各國國際私法對於連繫因素的規定不一致。易言之，所謂連繫因素本身即為案件中之一項或多項事實，或具有屬人性，或具有屬地性[30]，使得案件與這些事實間具有密切的連繫，因而透過這些存在的事實，指引出案件的準據法，並據以為準據法適用的合理基礎。而關於何種事實與何種案件間有密切的連繫，各國的國際私法規定上均不盡相同，因此具備法律衝突的可能。其次，反致現象是於法官依本國之國際私法適用外國法時，始產生之問題：究竟此等外國法之適用，是僅指外國之實體法，或是尚包含了外國的國際私法？最常見的例子為屬人法事項中，英國法過去傳統上以住所作為連繫因素，而法國法則是以國籍作為連繫因素。當住所在法國的英國人因涉外屬人法事項在英國法院涉訟時，英國法官依其國際私法規定，適用住所地法，即法國法，而此時所謂的法國法是否包含法國國際私法原則？若包含，因為法國國際私法就涉外屬人法事項適用本國法主義，此時則必須返回適用英國法，於是生反致之問題。

　　以字義來說，法文中renvoi一詞為envoi與字首re的結合，envoi一詞有「移送」、「寄送」之意，而re則是「再……」之義。二字結合，就中文的含義來說，實為「再次移送」。我國以「反致」稱之，乃是沿襲日文翻譯名詞而來，唯僅就中文語意上

---

[30] 有關連繫因素與國際私法間之屬人性與屬地性問題，可參考 J-L Elhoueiss, "Personnalité et territorialité en droit international privé", *thèse de l'Université Paris II*, 2000.

觀之，不容易看出所謂「反致」的真意為何[31]。是以既然在語意概念上係「再次移送」，則再次移送之管轄法律可能為法院地法，亦可能為外國法。因而反致的型態被我國學者區分為以下幾個類型，為求清楚，以圖表說明如下：

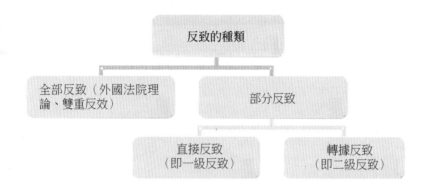

目前採反致理論之國，多係部分反致，全部反致理論者因在實際操作上有相當之難度，並且易產生「乒乓球戲」的現象，故雖然在形式上較符合調和各法律系統的理想，但實際上不常被適用[32]。

那麼，反致的問題既是源於內外國法的差異而來，事實上和定性的問題系出同源：亦即反致為定性問題之延長。如果說不同

---

[31]　曾陳明汝，國際私法原理（上集），前揭註9，頁309；梅仲協，前揭註23，國際私法，頁214；馬漢寶，國際私法總論，前揭註4，頁245參照。

[32]　全部反致，亦有學者稱之為「雙重反致」或「外國法院理論」。柯澤東，國際私法，前揭註2，頁127；陳隆修，比較國際私法，前揭註4，頁106參照。當內外國皆採取此一理論時，反致將無法操作，猶如兩面鏡子對照一般，將造成無窮反致的情形。

的連繫因素規定會產生不同的選法結果，同樣地，對於法律觀念以及法律解釋在定性上的差異，也會產生不同的選法結果。承認反致理論主要是考慮到外國法律的完整性，與避免干預外國主權，避免扭曲外國法律真義，進而達成判決的一致之目的而來，這與前述定性採行準據法說的理由基本上是相同的。

　　然而，將反致與定性的概念二者區分之際，仍然很難辨別這兩個問題有如何絕對的差異性，而所謂「定性的反致」理論就是在說明定性與反致問題二者所重疊交會的灰色部分。現實在於，不同法律系統的差異性依然存在著，而這些差異性可能會在定性階段發生問題，也可能透過反致的方式獲得調和。所以我們很難將二者所產生的問題截然劃分：他們都是互相關聯的。

（二）選法理論對「定性的反致」問題的忽視

　　然而「定性的反致」這種介於定性與反致二者間概念的理論，又為何長期以來受到忽視呢？

　　主要的原因有數個，首先是定性適用法院地法的標準，使得定性的反致問題被忽略了。在適用法院地法統一對案件定性之後，使得法律系統差異所導致的衝突問題轉變成反致的問題。也就是說，法律的衝突雖然仍存在著，但是因為適用法院地法定性被暫時地掩蓋了，直到準據法適用的階段，這種衝突的問題才再次被提出。

　　我國對於定性的標準，學說及實務均採法院地法說，已如前述。則不難理解何以有關定性的反致問題，在我國未受到重視。其次，從選法理論的沿革來看，世界主義（universaliste）

者如薩維尼（Savigny）、個別主義（particulariste）者如巴丹（Bartin），二者對於定性的反致理論也未有考慮。蓋前者因為理念上基於「共同法價值」（valeurs communes）的觀念，故對於定性問題未為詳細考慮[33]，而後者則囿於各國應尊重主權維護原則，故主張定性應採法院地法，以避免侵越他國主權，或扭曲外國法律之真義[34]。因此，左右大陸法系國際私法學的兩大思潮，都對定性的反致問題予以有意或無意的忽略。

此外，因為各國對於其強行法規的主張，特別如即刻適用法這種情形的存在，使得定性的問題愈增加其複雜度。例如前述的婚姻舉行教會儀式之規定，在希臘，因為該規定不僅適用在無論身處何地之希臘國民間，並且適用在所有於希臘境內所成立之婚姻，故此一規定可被視為係即刻適用法而排除他國法律之適用。那麼，是否法國法官應當尊重該項希臘之法律，亦按照希臘法將教會儀式定性為婚姻實質要件之問題？

法國在 *Caraslanis* 乙案中採用了法院地法對這類案件為定性，然而這是否即為合理之定性結果？法國學者間亦迭有爭議。於此，吾人可知所謂定性的反致問題，事實上牽涉者為法律系統間衝突之問題，以下即就定性的反致理論的發展過程，進一步地分析。

---

[33] Ph. Francescakis, "Droit naturel et droit international privé", *Mél. Maury*, 1960, t. I, n°13 et 14.

[34] Y. Lequette, *op. cit.*, n°8.

二、理論的發展

定性的反致理論的提出既非屬虛構，則關於該理論之發展過程，即應自何以有定性的反致發生之概念開始為探尋。首先必須說明者，為不同之法律系統間常存在之兩種衝突分析；其次，則檢討定性的反致理論，應有如何之要件與限制，以確保該理論不至於無法操作而流於空談。

（一）概念源起：法律系統的兩種衝突

有關各國因法律系統間的差異所產生的衝突，按照法國學者Bartin的見解，可分為定性的衝突（le conflit de qualification）與反致的衝突（le conflit de renvoi）兩類。Bartin認為，所謂定性的衝突是來自於法律內容規定類型的差異，而反致的衝突則來自於偶然地（eventuellement）適用外國國際私法的考慮[35]。

Bartin有關法律衝突的這種分類被法國國際私法學者承繼下來，Francescakis教授更進一步指出：「定性的衝突是（……）在雙方對於選法理論內容均無疑義的條件下，可轉化為反致的衝突[36]。」從而我們可以發現這兩種衝突之間的關係：在內國法與外國法對於法律概念定性均無歧異（即其對同一法律內容均無疑義）的情況下，不會有定性問題的發生，但即使就同一案件定性

---

[35] Y. Lequette, *op. cit.*, n°10.

[36] Ph. Francescakis, "La théorie du renvoi et les conflits de système en droit international privé", n°84; 原文為：le conflit de qualification est (...) convertible en conflit de renvoi à condition qu'il n'y ait pas de doute sur la teneur des règles de conflit applicables de part et d'autre.

為同一法律性質，各國的國際私法在連繫因素的規定上仍未必相同，換言之，仍有可能發生反致的問題。

　　問題在於，在一般的情形下，我們無法輕易地確知外國法的法律系統是否與內國法的法律系統有所差異，有時候外國法即使在立法的形式上與內國法無所差異，但在解釋上確有根本的不同。換言之，發生定性的衝突情形有許多。我國學者陳隆修教授將之歸納為五種原因，頗值參考[37]：

1. 不同的法律制度給予相同之法律名詞不同之定義。例如關於「住所」之定義，各國未盡相同。

2. 不同的法律制度可能有他法律制度所無法完全瞭解與知道的法理。例如英美法中有關「信託」（trust）之觀念，在法國法中即無[38]。

3. 不同之法律制度對於基本上相同之問題，卻交付不同之法律部門處理。例如解除婚約，法國法認為係侵權行為，德國法則認為是屬人法事項。

4. 不同的法律制度以不同之事實來組成基本上相同之法律概念。例如對禁婚親範圍之認定，我國與法國即有所不同。

5. 不同之法律制度以不同之科學方法達成相同之目的。例如贈與以書面或是以公證為之，各國規定不同。

---

[37] 陳隆修，比較國際私法，前揭註4，頁4。

[38] 法國法中有類似於英美法之信託，源自於羅馬法概念之fiducie制度，但就其型態上及內容來說，仍不如英美法信託概念之範圍廣泛與多元，似未可稱之為信託。法國法系中，比利時為首次引進國際信託概念至其2004年國際私法新法典中之國家，相關資料請見許兆慶，跨國信託法律適用之研析──以意定信託為中心，國立中正大學法律研究所博士論文，2005年6月，頁426以下。

　　也因此，定性的衝突仍時常可能發生，而「定性的反致」理論，即在於針對這些因為法律系統的差異性所產生之衝突問題，應如何調和而存在。亦即其係為消弭因為定性的問題所引起的消極衝突（conflit negatif）而生之理論[39]。

（二）理論的成型

　　定性的反致理論提出，既然有上述之目的與功能，則該理論應該在如何之條件下被法官所援用？歸結有以下幾種情形：

1.必須是就案件定性不單純採行法院地法之標準下，亦即法院地法非為定性之唯一標準的前提下，考慮定性的反致問題。若法院僅以法院地法對案件為定性時，則定性的衝突被隱藏起來，成為隱藏性的法律衝突，其所形成的準據法消極衝突問題，由反致理論解決。

2.必須是內外國法律系統間存在差異的前提下，進行定性的反致調和。若內外國就法律定性的目的及內容均為一致，則無所謂衝突之問題，自然也不需考慮定性的反致。

3.避免實務操作上的困難，定性的反致應以部分反致為主。若內外國均採全部反致，則反致永無休止，無助於涉外爭議問題之解決。

4.在承認反致的國家，亦以承認定性的反致為宜。採取定性的反致理論，與採取反致理論之觀點相同，均係為調和不同法律系

---

[39] 因定性的衝突引起的積極衝突（conflit positif）可藉由法庭地法定性或是即刻適用法予以解決，但正如前文所述，法庭地法定性並非法院唯一之定性標準，故仍有可能遇到消極衝突之情形，這也使得定性的反致理論的提出，饒富意義。

統間之作用，與達到個案正義及合理結果之目標而生。如果承認反致理論，亦即承認法官應就不同之法律間所造成的差異問題進行調和，為求理論一致性，承認反致之國家，自然亦應承認定性之反致理論。

成問題者，定性的反致理論是否可毫無界線地適用？易言之，是否每一類型之案件均應該考慮有關定性的反致的問題？

事實上，這個問題與反致的理論適用界線是一樣的。理論上來說，反致理論本係國際私法傳統選法理論中一種調和的方法，而並非正式的機制。反致理論最為人詬病之處，在於其本身邏輯上的矛盾：何以一國立法者對於涉外的法律關係，經過慎重與熟慮的程序，選擇出最適合本案的準據法後，竟又因反致理論而輕易捨棄置於不顧，而反求諸他國之法律[40]？以此觀之，反致的情形雖然應予承認，以供給法官彈性操作的空間，但不宜反客為主，將所有之法律關係均置於反致理論下操作。同理，定性的反致理論亦然。

以下部分即就實務上操作的情形，進一步說明定性的反致理論應受限制的範圍。

---

[40] 劉陳合著，國際私法論，前揭註4，頁516-517；柯澤東，國際私法，前揭註2，頁137；曾陳明汝，國際私法原理（上集），前揭註9，頁314等均同此見解。

參、理論的影響

　　在此部分，將以兩國間實務之案例為經，學說理論為緯，分別敘述定性的反致理論對於台、法兩國之國際私法實務上之影響。首先先從台灣法制實務出發，觀察理論與實務是否有考慮過定性的反致理論；其次則觀察法國國際私法學界，對於定性的反致理論是否支持，並分析該理論在法國實務判例上的作用。

一、台灣法制上的影響

　　定性的反致在台灣法制上的影響，可從學者意見發展以及法院判決兩方面分別討論：

（一）對定性的反致理論上的認識

　　對於定性的反致理論，我國國際私法學界並無使用該項名稱。僅極少數的學者，可能意識到定性的反致的存在，但在敘述與討論此一問題時，仍是晦澀不清，或是未再深入討論。例如劉鐵錚、陳榮傳兩位教授合著之《國際私法論》，在提及定性問題時，謂：「國際私法間之衝突，至少包括下數三種情形，其一，明顯的衝突，即兩適用法則表面上之衝突，……此類衝突可能發生反致之問題；其次，二以上之適用法則所援用之連繫因素，表面上相同而實際上差異，因二國對此連結因素之解釋有別。……此類衝突，究竟發生定性抑反致，或者是一特殊的問

題，則尚有爭執[41]。」可認其已對「定性的反致」之問題有所意識，但關於「定性的反致」此一專有名詞，劉、陳二位教授仍未予以援用，亦未就此一問題發生之可能性為更進一步之說明。

　　陳隆修教授則是指出，「理論上言之，反致實為定性過程之一延續」；而定性問題「甚難以一機械性之規則加以處理，絕大部分之學者及法院皆徘徊於法院地法理論及準據法理論之間，……法院操作定性技巧之真正目的，可能是為了維護法院地之強烈政策或所認定之價值，以達成其心中真正公正之判決[42]。」此一觀點洵為正確。雖然陳教授所著《比較國際私法》一書，就定性與反致之案例解析，有相當詳盡之解說，但其仍未就相關案例進一步討論定性的反致理論成立之可能。

　　然而，在反致理論應予限縮適用這一點上，我國學者的意見則是相當地一致。特別是在準據法為當事人意思自主選法的場合，通常為了保持準據法適用的完整性，避免割裂適用法律，以及尊重當事人意思自主的情形下，學者通常主張反致在這種場合無適用的餘地[43]。本章以為，基於與限制反致適用同樣的理由，「定性的反致」理論似乎也不能逸脫這個限制的範圍，始為合

---

[41] 劉陳合著，國際私法論，前揭註4，頁519參照。

[42] 陳隆修，比較國際私法，前揭註4，頁28-29參照。

[43] 按我國涉外民事法律適用法舊法第29條之規定，反致之限於「適用當事人本國法」的情形下始有適用。此一限制也影響到有關反致理論在我國涉外民事法律適用法中的適用範圍問題，特別是有關涉外民事法律適用法第6條第2項適用當事人共同本國法時，有無反致之適用的爭議，贊成適用說有劉甲一、曾陳明汝等教授；反對者有劉鐵錚、陳榮傳等教授。見劉甲一，國際私法，前揭註4，頁140；曾陳明汝，國際私法原理（上集），前揭註9，頁317；劉陳合著，國際私法論，前揭註4，頁513參照。

理。以下即續就我國實務意見分析。

（二）法院的實務意見

我國法院由於對涉外案件之定性，普遍採取法院地法，是以有關定性的反致問題，在實務上未曾被提出討論，惟此未可據以認為在我國國際私法實務上，不生定性的反致問題。

如前所述，定性的反致主要源自於不同法律系統間之解釋或命意衝突，是以只要我國法院有可能對涉外案件採行案件準據法為定性時，極有可能發生定性的反致情形。目前我國實務上，最高法院對於國際私法定性之標準問題，尚未形成判例意見，理論上各級法院在不干擾實際選法運作過程中，自亦得選擇案件準據法之定性標準，以調和法律系統衝突，達成具體個案正義維持的目標。

因此，所謂定性的反致理論在我國法院國際私法實務上而言，並非不可想像，只是因為我國法院實務習慣上向來傾向採取法院地法定性，因此該問題被技巧性地忽略了。邇來我國最高法院實務就一涉外保險賠償案件，作成93年台上字第1007號判決[44]，該案牽涉有關定性問題之部分，與本文討論定性的反致理論限制內容有關，頗值注意。

該判決事實略為：原告為新加坡商，就一批運送到莫斯科的貨物，向被告一中華民國籍之產物保險公司投保貨物運輸險。未

---

[44] 關於該案之各級審判決詳細內容，可參考司法院法學檢索系統，網址為：http://nwjirs.judicial.gov.tw/FJUD/index.htm。

料貨物於抵達受貨人倉庫前遭人竊走。本件保險契約載明以英國法為準據法，原告主張被告應按契約之準據法，即英國法之規定賠償，並請求遲延利息。

值得注意者，為原告律師就本案遲延利息利率之請求部分，主張：「利率是程序事件，依英國涉外事件處理法律，應採審判地法（lex fori）來決定利率[45]。」進一步指出：「本件保險事故發生地點（莫斯科）及契約當事人國籍等，俱非英國，對英國法院而言即屬所謂『涉外事件』，從而，本件應依審判地法即我國法決定利率。」

原告的這項主張雖未明白指陳，但很清楚地，此即為定性的反致理論的典型：就遲延利息利率計算部分，若按照英國法（準據法）定性，應認為屬於程序問題，而反致適用法庭地國，即中華民國法。就英國法而言，程序依照法庭地法，實質的權利依照準據法是一項鐵則[46]，原告的主張就此而觀，實不無道理[47]。

---

[45] 原告律師提出之見解為：「依英國1981年最高法院法（the Supreme Court Act 1981）第35A條第1項規定，法院對於債務不履行或損害賠償事件，於判決時得加計『依其認為適當的利率計算』之利息。英國學者進一步指出：由於『利率』是程序事件，依英國涉外事件處理法律，應採『審判地法』（lex fori）來決定利率。本件保險事故發生地點（莫斯科）、及契約當事人國籍等，俱非英國，對英國法院而言即屬所謂『涉外事件』，從而，本件應依審判地法即我國法決定利率。」

[46] 陳隆修，以實體法方法論為選法規則之基礎（上），東海大學法學研究，第21期，2004年12月，頁185（特別在頁198以下的說明）。

[47] 事實上，此在英國法上容有爭議。權威著作Dicey and Morris 認為「數額」（rate）的決定與計算似屬程序性質，Dicey and Morris, *supra* note 13, pp. 1459-1462；反對意見，陳隆修，國際私法契約評論，五南，1986年，頁19以下。

　　然而，我國法院卻在各審級的判決中，明白反對這項看法[48]。最高法院認為：「本件訟爭之準據法為英國保險法，則關於上開保險金遲延利息之計算，自亦應準據適用英國保險法或相關民商法之規定，而無庸再依英國涉外民事法律適用重新定性、決定準據法。」分析此一判決之理由，有兩種可能的解釋可為衍生討論：一種可能是，法院適用法院地法的標準，對遲延利息的爭議直接定性為實體問題，而適用當事人意思自主之準據法，即英國法之規定；另一種可能的解釋是，法院仍適用英國法（即本案準據法）對遲延利息問題為案件的定性，但是排斥「定性的反致」理論的適用，亦即雖然遲延利息定性為程序問題，但為求尊重當事人意思，避免與本案準據法割裂適用之理由下，法院將遲延利息問題仍與本案之保險金請求問題，依同一之案件準據法處理。

　　無論法院的用意可能是何者，於此我們可以清楚地發現，在適用當事人意思自主的場合，為了避免割裂適用法律，造成不一致與混亂情形，定性的反致理論是傾向被排除的。

二、法國法制上的影響

　　在法國，有關定性的反致理論探討由來已久，吾人亦可從學說普遍的見解與法院的意見兩方面觀察定性的反致理論對法國國

---

[48] 請參考台灣台北地方法院88年保險字第1號判決、台灣高等法院90年保險上字第1號判決。

際私法法制的影響。

（一）學說普遍的見解

　　部分贊成說：法國學者對於定性的反致理論，討論甚早[49]。不過最先具體將定性的反致列入教科書討論者，則為D. Holleaux、J. Foyer與G. de Geouffre de la Paradelle三位教授在1987年合著之《國際私法》一書，段碼第510號中指出：「外國的選法規則依照其法律要素及連繫因素的種類而被適用。吾人可觀察到反致的問題不僅是源於法院地法與外國法對於連繫因素標準上的差異（例如依法國法就屬人法事項適用本國法，英國法則係適用住所地法），反致也可能源自於法院地與外國之國際私法對於同一連繫因素或是法律問題有著不同的解釋，而導致不同的定性結果[50]。」其並進一步指出，定性採準據法說與定性的反致之間的關係。二者差別主要在於法院可以法院地法定性，拒絕定性的反致，以排除外國之選法規則。然而如果定性採準據法說之標準時，則適用外國之選法規則屬於邏輯上的必然，而無法排除定性的反致。

　　部分反對說：學者Y. Loussouarn以及P. Bourel兩位教授在其《國際私法概論》一書中則指出，一方面這些法律系統差異所造

---

[49]　Y. Lequette, *op. cit.*, n°4.

[50]　D. Holleaux, J. Foyer, G. de Geouffe de la Pradelle, *op. cit.*, n°510, 原文略為：...renvoi ne résulte pas uniquement d'une différence entre le critère de rattachement du for et le critère étranger (...) Il peut résulter aussi de différences d'interprétation dans le pays du for et à l'étranger de règles de conflit apparemment identiques, aboutissant à des différences de qualification du facteur de rattachement ou de la question posée.

成的情形，如果均交由法院地法定性，是不公平的。因為反致主
要是基於「外國法律均為一個整體」的這個理念而來。是以對
外國法律（包括外國的國際私法）割裂適用，無論是就法律的內
容，或是法律概念的定性，都是不恰當的[51]。

　　然而其也認為，若適用定性的反致，將導致法院適用反致的
範圍擴大，而反致所可能造成的種種缺點，例如公式化的選法操
作以及準據法的不可預見性，都會因此發生。是以定性的反致理
論在法國國際私法上，僅能被認為是一種例外的情形。

　　完全贊成說：學者H. Batiffol及P. Lagarde兩位教授則對於反
致的概念採取比較不一樣的看法。其贊成反致，並認為反致並非
是一種放棄適用法院地國際私法的表現。相反地，其應當被視為
是內國法院用來調和內外國法律系統的一種方式，即「調和方
法」（une methode de coordination）[52]。而定性的反致與定性的
標準、反致的承認等問題，有著緊密的連繫。易言之，若無人承
認反致，則亦不應對定性的反致有相反之見解。

　　反致定義相異說：與Batiffol教授相同看法的還有P. Mayer與
V. Heuze教授[53]。其在所著之教科書中提到，對於法律名詞或概
念予以不同的解釋，亦會造成反致的現象，即所謂「定性的反
致」。不過一般而言，反致的定義應該是指因為連繫因素規定
上的差異而導致的現象，故傳統選法理論因此忽略了定性的反

---

[51]　Y. Loussouarn et P. Bourel, *op. cit.*, n°198-3.

[52]　H. Batiffol et P. Lagarde, *op. cit.*, n°304.

[53]　P. Mayer et V. Heuzé, *op. cit.*, n°227.

致。與此見解相同的有B. Audit教授[54]。

　　Y. Lequette教授在其專文「定性的反致」中，則是對反致抱持較悲觀的看法。他認為至少從兩方面來看，造成定性的反致適用的機會將愈來愈少。首先是反致本身理論缺陷的問題，事實上反致解決消極衝突的功能有限，而且只要當事人合意，便可以規避反致。加上吾人應尊重立法者的意思，故反致似不值得鼓勵。

　　其次，在歐洲各國普遍接受所謂的「鄰近理論」（le principe de proximite）[55]後，因為採取彈性選法的方式，使得定性問題的重要性被降低了。因為鄰近理論主要是根據各個案件中具體的各項連繫因素事實，作功能性的綜合參考，而直接地透過這些連繫因素事實的分析選擇出案件的準據法。因此，Lequette教授認為，所謂定性的反致理論在這種法律的思潮之下，終究只是曇花一現而已[56]。

　　Lequette教授的考慮並非全無道理，但若因此認為定性的反

---

[54]　B. Audit, *op. cit.*, n°199.

[55]　「鄰近理論」首見於法國學者Paul Lagarde於1986年在荷蘭海牙國際法學院講座中提倡，其類同於美國新選法理論之「最重要關聯說」，將連繫因素作功能化的區分，認為應經由最接近案件之連繫因素事實，從中分析比較，找出案件的準據法，在判斷何為最接近案件之事實時，可參酌傳統選法理論中連繫因素之規定。此一理論試圖調和傳統選法理論與新選法理論之差異，屬於一種「中間性質」的方法論。請參考P. Lagarde, "Le principe de proximité dans le droit international privé contemporain", *RADIP*, 1986, t. I, n°88 et s.

[56]　Y. Lequette, op. cit., n°21. 我國學者同樣亦有認為美國之「最重要關聯說」不失為「解決定性問題之辦法」者，見劉鐵錚合著，國際私法論，前揭註4，頁535，註26。

致問題將消失無蹤，或是定性的問題將因為新彈性選法理論的提出而顯得無足輕重，則未免過於樂觀。這主要是因為各國的法律系統差異仍然存在，而定性無論在傳統選法理論或是彈性選法理論中，都是法官必須面對的問題[57]。我們無法想像法官可以不依照定性的程序去判斷一個涉外案件應適用何種法律，也因此只能說定性的衝突可能因為彈性選法理論被降低了，但這類型的衝突在全球法制尚未統一之前，不可能完全被消弭。

（二）法院的意見

法國實務上對於涉外案件之定性，一般而言亦以法院地法作為定性標準之原則，在少數的情形則適用準據法定性。對於定性的反致，雖不若鄰國德國法院操作上積極[58]，然而巴黎上訴法院在1962年7月19日[59]、1975年1月23日[60]等案判決中，均表達了對定性的反致的看法。1989年10月18日[61]法國最高法院判決意見則是間接地提及此一概念。

由於1980年羅馬契約準據法公約第15條明文排除反致[62]，因

---

[57] 相同之意見，請參考陳隆修，比較國際私法，前揭註4，頁29。

[58] 例如1880年5月8日、1934年7月6日RG（Reichsgericht）關於時效的判決、1958年11月21日BGH（Der Bundesgerichtshof）關於婚約解除之判決、1980年4月11日BGH關於遺產繼承的判決。參考Y. Lequette, *op. cit.*, n°4 et 16.

[59] 未公告編入之判決，引據於Francescakis教授與1958年*la théorie de renvoi*一書中，頁252。本文轉註該資料自H: Batiffol et p. Lagarde, *op. cit.*, n°310, note 9.

[60] CA Paris, 23 janvi. 1975, *RCDIP*, 1976, p. 97, note Dayant.

[61] CDC, 1e c. Civ. 18 oct. 1989, *RCDIP*, 1990, p. 712.

[62] 該公約第15條規定為：The application of the law of any country specified by this Convention means the application of the rules of law in force in that country other than its rules of private international law.

此有關反致理論在國際契約爭議案件上的適用，目前在羅馬公約簽約國間均被限制。職是之故，定性的反致亦被排除。以下本文謹就法國最高法院[63]第一民事庭（Cour de cassation, premiere chambre civile）最近的案件，1997年3月11日的 *Mobil North Sea Limited*（下稱Mobil NSL）案[64]為進一步之分析。

該案事實為：1974年2月21日，Mobil NSL和兩家依法國法成立之公司，Compagnie Francaise d'Entreprises Metalliques（下稱CFEM）及Entreprise d'Equipements Metalliques et Hydrauliques（下稱EMH）合作締約在北海興建鑽油平台。雙方並約定若鑽油平台設備有瑕疵時，在從接受設備操作完好證明起一年內得要求無償替換或修繕其平台設備（契約第10-2-1條）。有關契約之效力或執行問題，雙方並約定以英國法決定（契約第28條）。而有任何爭議或反對意思時，應將爭議或反對意思提付在洛桑之瑞士籍仲裁人仲裁（契約第29條）。

1975年5月16日油管開始施工，而此一施工工程則交由Llyod's Register of Shipping（下稱LRS）監工，1975年8月14日發給證明，證實所有監管工程之測試結果均為合格。

然而，油管卻在1985年1月30日爆裂崩壞，Mobil NSL隨即在1986年4月同時於洛桑與巴黎進行仲裁及訴訟。隨後雙方當事人協議放棄仲裁，選擇本案接受巴黎商業法院的管轄。1991年6月26日巴黎商業法院作成判決，認為Mobil NSL之請求無保護之

---

[63] 亦有翻譯成「廢棄法院」者，取Cassation一詞有廢棄、駁回之義。惟本文為求便於讀者理解，仍將之稱為最高法院。

[64] CDC, 1e c. Civ., 11 mars 1997, J.D.I. (clunet) 3, 1997, p. 789, note Santa-Croce.

必要而予以不受理駁回。案經Mobil NSL及其他共同原告上訴，1992年6月10日巴黎上訴法院裁定受理本案，並針對本案Mobil NSL與其共同上訴人對於CFEM與EMH關於訴訟時效之準據法問題進行辯論。

本案的主要爭點為，關於上訴人Mobil NSL之請求，其權利是否已罹於時效而消滅？

被上訴人主張，依法國國際私法之規定，有關契約之權利消滅時效問題，應依其契約之準據法決定。在本案，契約準據法為當事人所選定之英國法，而依英國法之規定，1939年的「Limitation Act」被1980年的「Limitation Act」所取代，根據此一法案，時效係自訴因（cause of action）開始起算六年內消滅，而本案訴因起算點應為1975年5月6日，亦即被上訴人交付鑽油平台予上訴人之日。故上訴人遲於1986年4月14日始為起訴請求，權利已罹於時效而消滅，其請求應屬無據。

上訴人Mobil NSL則主張，本案應考慮定性的反致。亦即認為本案契約準據法為英國法。而有關時效的問題，依照英國法定性應為程序問題，按照程序問題依照法院地法之法則，應反致回歸適用法國法。易言之，本案應適用法國民法第164條規定，即油管爆裂屬於買賣物的隱有瑕疵（défaut caché）而進一步按照法國1967年1月3日之「海事及其他海上建物規定法」（la loi du 3 janvier 1967 sur le statut des navires et autres bâtiments de mer）第8條之規定，時效應自發現瑕疵時起開始計算一年的時間。準此，Mobil NSL已於1986年4月對本件紛爭提起訴訟，而隱有瑕疵確認部分則由Welding Institute在1987年7月確認並發給

證明完畢，故本案Mobil NSL之權利並未罹於時效，請求應屬有據。

　　然而，法院的判決卻堅定地拒絕了上訴人的這項主張。巴黎上訴法院第一民事庭在1994年3月3日作成判決[65]，認為契約責任之消滅時效依英國法決定，即契約之準據法。並且就訴訟程序性質問題的定性，不需要再依反致方式，由法院地法對其再為定性。在契約事件中，定性的反致應當被排除，這是為了尊重當事人的意願，以及避免契約依選法規則選擇之法律分割適用，以維護其統一性而考慮的[66]。

　　法國最高法院第一民事庭亦支持巴黎上訴法院的意見。其於1997年3月11日的判決中確認了巴黎上訴法院的判決：定性的反致不適用於當事人意思自主的場合，並且其更進一步指出，「所有的」反致在這種情形下都應該被排除[67]。

　　學者Santa-Croce認為[68]，法院判決應如此解釋：除了當事人意思自主原則的此類案件以外，法國法院實務在其他的涉外案件

---

[65] CA Paris, 3 mars 1994, J.C.P. éd. G., n°4, 22366-22367, note Muir Watt.

[66] 原文略為：La prescription extinctive d'une action en responsabilité contractuelle est régie par la loi anglaise, la loi du contrat, dont il n'est pas démontré qu'elle retient une qualification procédurale de la question litigieuse de nature à fonder le renvoi à la loi du for. Le renvoi de qualification doit être exclu en matière contractuelle, tant par référence à la volonté des parties, qu'afin d'éviter le morcellement du statut contractuel dont la règle de conflit de lois tend à conserver l'unité.

[67] 原文略為：La mise en œuvre de la loi d'autonomie de la volonté étant exclusive de tout renvoi, la prescription extinctive d'une action fondée sur un contrat est soumise à la loi dudit contrat.

[68] M. Santa-Croce, *supra* note 61.

中，事實上並不排斥定性的反致[69]。進一步言之，在當事人明示
選法的情形下，定性的反致應當被排除，但在當事人選法意思有
所欠缺時，似不限制法官適用定性的反致理論，以中和判決之結
果。簡言之，定性的反致，在法國法院實務上，是有限制地被接
受的。

肆、結　論

　　總結上述分析，可知定性的反致理論實源自於各國法律系統
差異下所生之「隱藏的消極衝突」。在沒有一個統一的世界法建
立之前（事實上也幾乎難以建立），各國法律系統的差異性有時
候仍須藉助法官彈性地運用定性技巧，甚或反致理論，以調和案
件所可能造成的個案正義欠缺之情形。

　　定性的反致理論因此也應該被視為係一種調和的方式。雖然
我國對於涉外案件之定性標準多採取法院地法，惟法院地法並非
唯一的定性標準。國際私法之本旨本在於協調與尊重各國間不
同之法律制度，因此，吾人亦應期待吾國法官在處理涉外問題
時，在定性的標準上留有更大的迴旋空間，若適用準據法定性可
以因此作出更合理的判決結果，我國法官實無理由拒絕之。

　　而正如本文所指出的，若採行準據法定性，則將可能面對定

---

[69] 反對之見解，見J-L Elhoueiss, "Retour sur la qualification lege causae en droit international privé", *J.D.I.*, 2, 2005, p. 283, note 11. 其認為法國實務拒絕適用定性的反致理論。

性的反致問題，此時法官亦當以其智慧，判斷是否採取或拒絕採取反致，得對本案判決結果更有助益，亦即使當事人能夠因著選法理論的操作，達成甘服判決的結果[70]。此時運用定性的反致理論，即饒富意義。

我國涉民法舊法第29條採取反致理論，是以就承認反致理論的一貫性而論，我國法院亦無理由拒絕定性的反致。然而，正如學者一再指出反致本身所可能造成的邏輯上缺陷、選法可預見性的欠缺與實際上對判決的一致功能促進有限等理由觀之，我國法院運用反致理論的範圍似宜予以限制。本文中所列舉之台灣、法國法院判決實務，也印證了此一趨勢。

至少，在檢討反致理論與案件連繫因素的衝突上，正如前述法國法院所述「當事人意思自主原則應排除反致之適用」理由一般，本文認為定性的反致在此等案件中，即應當謹慎使用，至少在當事人明示意思表示選法的情形下，法院不得視此一合意為無物，而以反致的方式割裂適用案件的準據法。

因此，本文建議定性的反致理論應當被我國法院所注意，至少作為一種理論的方法，在涉民法的實體規定外，成為我國法院實務上的一項選法操作技巧。特別是我國立法及法院實務上，目前仍難以逸脫傳統選法理論的操作模式，功能性地調整適用定性的反致方式，一方面可協調國際間法制上的差異，另一方面亦可為個案的正義找到一個更合理的出口。

---

[70] 關於國際私法目的應在於達成當事人甘服法院判決的理念，請參考林恩瑋，開放方式的選法理論，東海大學法律碩士論文，1996年6月，頁130以下說明。

參考文獻

中文部分

林恩瑋，開放方式的選法理論，東海大學法律碩士論文，1996
　　年6月。

林恩瑋，大陸法系國際私法選法理論方法論之簡短回顧，法令月
　　刊，第56卷第3期，2005年3月，頁37。

柯澤東，國際私法，元照，2001年元月修訂。

馬漢寶，談國際私法案件之處理，軍法專刊，第28卷第11期，
　　1982年11月，頁3。

馬漢寶，國際私法總論，自刊，2004年。

梅仲協，國際私法，三民，1990年9版。

許兆慶，跨國信託法律適用之研析——以意定信託為中心，國立
　　中正大學法律研究所博士論文，2005年6月。

許耀明，歐盟統一國際私法之發展：以「管轄權規則」與「契
　　約準據法公約」為例，月旦法學雜誌，第110期，2004年7
　　月，頁93。

陳隆修，以實體法方法論為選法規則之基礎（上），東海大學法
　　學研究，第21期，2004年12月，頁185。

陳隆修，比較國際私法，五南，1989年。

陳隆修，國際私法契約評論，五南，1986年。

陳榮傳，國際私法的定性、再定性，台灣本土法學雜誌，第40
　　期，2002年11月，頁129。

曾陳明汝，國際私法原理（上集），學林，2003年7版。

劉甲一，國際私法，三民，2001年3版。

劉鐵錚、陳榮傳合著，國際私法論，三民，2004年3版。

賴來焜，中國大陸地區國際私法之最新發展，收錄於國際私法
　　理論與實踐（一）：劉鐵錚教授六秩華誕祝壽論文集，學
　　林，1998年版，頁31。

賴來焜，基礎國際私法學，三民，2004年6月版。

賴來焜，當代國際私法學之基礎理論，自刊，2001年。

藍瀛芳，國際私法導論，自刊，1995年。

蘇遠成，國際私法，五南，2002年5版。

外文部分

B. Ancel et Y. Lequette, "Les grands arrêts de la jurisprudence
　　française de droit international privé (ci-après Les grands
　　arrêts)", *Dalloz*, 4e éd.

B. Audit, "Droit international privé", *Economica*, 3e éd., 2000.

C. Kessedjian, "Le passé et l'avenir du droit international
　　privé européen dans le cadre de l'intégration de l'Union
　　européenne", *RA.E.-L.E.A.*, 2001-2002, p. 411.

D. Holleaux, J. Foyer, G. de Geouffe de la Pradelle, "Droit
　　international privé", *Masson*, 198.

Dicey and Morris, "The Conflict of Laws", 13th ed. (Lawrence
　　Collins), London, 2000.

H. Batiffol et P. Lagarde, "Droit international privé", t. 1, L.G.D.J.,
　　8ᵉ éd., 1993.

H. Fulchiron, "Travaux Dirigés de Droit international privé",

Litec, 2001.

J-L Elhoueiss, "L'émément d'extranéité préalable en Droit international privé", *J.D.I.*, 1, 2003, p. 39.

J-L Elhoueiss, "Personnalité et territorialité en droit international privé", *thèse de l'Université Paris II*, 2000.

J-L Elhoueiss, "Retour sur la qualification lege causae en droit international privé", *J.D.I.*, 2, 2005, p. 281.

P. Lagarde, "Le principe de proximité dans le droit international privé contemporain", *RADIP*, 1986, t. I, n°88 et s.

P. Mayer et V. Heuzé, "Droit international privé", *Montchrestien*, 7ᵉ éd., 2001.

Ph. Francescakis, "Droit naturel et droit international privé", *Mél. Maury*, 1960, t. I, n°13 et 14.

Ph. Francescakis, "La théorie du renvoi et les conflits de système en droit international privé", 1958.

Y. Lequette, "Le renvoi de qualifications", Mél. D. Holleaux, 1990.

Y. Loussouarn et P. Bourel, "Droit international privé", *Précis Dalloz*, 7ᵉ éd., 2001.

|第二章|
衝突法則各論：締約過失之法律適用

壹、前　言

　　雖然對於訂立契約的基本原則，世界各國在法制上均有其各自不同的規範與考慮，但對於契約的締結與履行必須本於誠實信用原則這一點，見解卻是一致的。我國民法第148條第2項「行使權利，履行義務，應依誠實及信用方法」的規定，幾乎在各國的民法中都能夠看到類似的規範[1]。而契約締結的過程中，有時候因為契約內容以及契約標的性質的關係，往往使得協商的階段顯得漫長。儘管在此一階段，契約雙方當事人得本諸契約自由原則，在考量他方當事人所提出之締約條件、自己本身的資力及履

---

[1]　在大陸法系立法上，例如法國民法第1134條第3項：「前項契約應以善意履行之。」（Elles doivent être executes de bonne foi.）；德國民法典第242條：「債務人應依誠實和信用，並參照交易上的習慣，履行給付。」（Der Schuldner ist verpflichtet, die Leistung so zu bewirken, wie Treu und Glauben mit Rücksicht auf die Verkehrssitte es erfordern.）；瑞士民法典第2條第1項：「任何人必須誠實信用地行使權利，並履行義務。」（Chacun est tenu d'exercer ses droits et d'exécuter ses obligations selon les règles de la bonne foi.）在英美法系中，判例法與衡平法對於誠實信用亦早已樹立了原則。

行能力後，決定最終是否與他方締結契約。然而一般認為，即使在協商的階段，兩造當事人仍有義務遵守誠實信用原則，以尊重他方當事人的合法期待，並避免因此造成他方的損害。如果在契約的協商階段對於上開義務有所違背，進而造成他方經濟上的損害時，即構成締約過失（Culpa in contrahendo）責任的問題。

自從1861年德國法學家耶林（Rudolf v. Jhering）發表著名的「締約過失、契約無效或未完成時的損害賠償」論文後，有關締約過失的問題開始受到各國民法學界的關注[2]。締約過失理論不但在大陸法系的西歐各國間引起注意，甚至還跨進了普通法系（Common Law System）的國家，並對其司法理論與實務產生了一定程度的影響[3]。在我國，雖然學者間多將民法總則中保護善意相對人信賴利益之相關規定（例如第90條、第110條），以及第247條第1項之「契約因以不能之給付為標的而無效者，當事人於訂約時知其不能或可得而知者，對於非因過失而信契約為

---

[2] 依Hans Dölle教授意見，認為：「在Jhering於1861年發表其有締約過失（契約無效或不成立之損害賠償）的論文以前，雖已有學者對此問題迄加注意，若干德意志邦法典亦設有關於當事人於締約時因其行為所生法律效果的規定，但一直到了Jhering，才開始將他當作一個基本問題加以研究，而且從歷史及理論的觀點詳加論述，強調基於締約行為在當事人間產生了一種法律關係，可以由之而導出必要的推論，而獲得合理的結果。」轉引自王澤鑑，法學上之發現，民法學說與判例研究（四），自版，2002年11月，頁1。

[3] 傳統上，英國法對於在協商階段取消締約的問題上，排除任何責任問題的發生，主要的理由是基於締約自由原則以及經濟效率自由的觀念〔判例法中與culpa in contrahendo最相近的概念，為先契約責任（pre-contractual liability），但後者所包含的範圍，在概念上要較前者更廣泛些〕。不過此一態度亦將隨著羅馬二號規則的通過而有所改變。R. Cabrillac, D. Mazeaud et A. Prum, "Le contrat en Europe aujourd'hui et demain", Colloque du 22 juin 2007, *RTD Civ.*, p. 74.

有效致受損害之他方當事人，負賠償責任」等，解釋為我國民法中締約過失責任的規範，但在立法上，則一直要到1999年4月21日修正民法增訂第245條之1後，我國民法才明確引進，並獨立類型化締約過失的概念[4]，規定契約當事人於契約未成立時，為準備或商議訂立契約而有「就訂約有重要關係之事項，對他方之詢問，惡意隱匿或為不實之說明」、「知悉或持有他方之秘密，經他方明示應予保密，而因故意或重大過失洩漏之」及「其他顯然違反誠實及信用方法」等行為時，應對於非因過失而信契約能成立致受損害之他方當事人，負賠償責任[5]。

---

[4] 根據民法第245條之1立法理由謂：「當事人為訂立契約而進行準備或商議，即已建立特殊信賴關係，如一方未誠實提供資訊、嚴重違反保密義務或違反進行締約時應遵守之誠信原則，致他方受損害，既非侵權行為，亦非債務不履行之範疇，原法對此未設有賠償責任之規定，有失周延，爰增訂第一項。」可知我國立法者用意在於將該條成為我國民法締約過失之一般性條款。不過，事實上在民法第245條之1制定前，學者認為民法第91條、第110條及第247條等，亦可謂為締約過失之類型，或源於締約過失思想之規定。因此或許較為準確的說法，應該是認為民法第245條之1係屬於「契約未成立」之締約過失責任類型。相關論述，可參考向明恩等，德國締約過失責任之發展，民法研討會第53次研討會會議紀錄，法學叢刊，第217期，2010年1月，頁163-192（特別在頁174，向明恩教授發言）。

[5] 按本條為新訂，條文如下：「契約未成立時，當事人為準備或商議訂立契約而有左列情形之一者，對於非因過失而信契約能成立致受損害之他方當事人，負賠償責任：一、就訂約有重要關係之事項，對他方之詢問，惡意隱匿或為不實之說明者。二、知悉或持有他方之秘密，經他方明示應予保密，而因故意或重大過失洩漏之者。三、其他顯然違反誠實及信用方法者。前項損害賠償請求權，因二年間不行使而消滅。」其立法理由有二：「一、當事人為訂立契約而進行準備或商議，即已建立特殊信賴關係，如一方未誠實提供資訊、嚴重違反保密義務或違反進行締約時應遵守之誠信原則，致他方受損害，既非侵權行為，亦非債務不履行之範疇，原法對此未設有賠償責任之規定，有失周延，爰增訂第一項。二、為早日確定權利之狀態，而維持社會之秩序，明定『前項損

　　在涉外案件中，因為涉及到內外國法律適用，使得締約過失責任問題更顯複雜。但是，在1953年的涉外民事法律適用法中，卻對涉外締約過失責任的相關規定付之闕如。即便是在2010年通過之新修正的涉外民事法律適用法中，也沒有見到相關的規定[6]。當然，實體法立法上將締約過失責任獨立類型化，並且將之明文規定於民法中，在我國也不過是這幾年才開始進行的事情，因此是否將涉外締約過失責任明文規範至新修正之涉外民事法律適用法中，容或有討論的空間。但如果在實體法上我國民法接受並明文化了締約過失理論，在選法規則的立法上似乎也應慎重考慮將此一類型問題列入涉外民事法律適用法中規範的可能性。

　　本章旨在對於締約過失所可能涉及的法律適用問題，就其於不同法律系統間，特別是大陸法系的德、法兩國在傳統上對於民事契約責任問題的分歧與困難點加以分析。另外，鑑於歐盟於2007年7月11日通過第864/2007號關於非契約之債準據法規則（下稱羅馬二號規則）為目前大陸法系國家中對於締約過失的法律適用標準之最新規範，因此本文擬以該規則為標準，嘗試就其所提出之法律適用標準分析檢驗，期能拋磚引玉，促使我國學界及司法實務工作者就國際私法上締約過失法律適用問題重新思

　　害賠償請求權，因二年間不行使而消滅。』」

[6]　我國涉外民事法律適用法於2010年4月30日經立法院三讀通過，同年5月26日由總統公布，修正公布之全文將自公布日後一年施行。新修正之法規內容總數多達63條，為我國國際私法立法上之一大躍進。新法就各種涉外民事法律關係類型，作了更細緻化的規定。但在第四章債中，卻對於涉外締約過失問題未有任何明文規定。

考，並提供明確之法律適用規則建議。

貳、締約過失問題之困難：定性

　　關於締約過失責任的法律適用，首先遭遇的難題是定性問題。一如國際私法學者長久以來對於定性問題的理解：定性的問題主要來自於法律內容規定類型的差異，或因為不同的法律制度給予相同之法律名詞不同之定義而產生（例如住所的定義），或由於不同的法律制度可能有他法律制度所無法完全瞭解與知道的法理（例如休妻制度），或不同的法律制度對於基本上相同的問題，交付不同的法律部門去處理（例如婚約解除之損害賠償）等[7]。同樣地，就締約過失的法律關係究竟應該歸類為哪一種法律爭議類型的問題，即使在司法操作習慣相近的大陸法系國家間，亦有不同之看法。

　　一般而言，在德國，耶林將締約過失責任劃歸於契約義務（obligation contratuelle）的範圍，即所謂「先契約義務」（Vorvertragliche Pflicht）的概念[8]。然而，在法國民法的結構

---

[7]　國際私法上之定性問題本即涉及各國實體法制差異與衝突之比較，實體法上culpa in contrahendo係歐陸法系的概念，而同為歐陸法系的德、法兩國卻對此一問題有不同之見解，如此直接的影響是國際私法上定性困難的問題，也是本文的核心問題。陳隆修，比較國際私法，五南，1989年，頁4；另參考林恩瑋，論定性的反致——台法法制之比較，東海大學法學研究，第24期，2006年6月，頁241-273（特別在頁255）。

[8]　遍查國內相關文獻，在詮釋締約上過失的概念源起問題時，我國學者多以王澤

上，對於因締約過失所造成的損害問題，通說及實務見解卻認為其法律性質應屬於侵權行為責任（responsabilité délictuelle）[9]。

　　由於在締約過失責任問題上，各國採取不同的定性標準，因此亦不難預見基於這些歧異的標準所進行的選法過程，所導出之最終結果在各國間亦可能變得難以協調。於此不但在概念上涉及了如何將締約過失責任歸類於何法律部門的問題，並且還因為締約過失責任所造成的損害型態的多樣化，使得相關案件的法律適用在合理性上亦備受爭議。以下即就概念歸類的困難性，與損害賠償範圍的確認等相關問題，分別論述之。

一、概念歸類的困難性

　　對於締約過失的法律基礎，王澤鑑大法官認為，依照德國學說及實務演進歷程，大致上可分為三種不同的見解：第一種見解認為除了法律規定的情形外，締約過失的問題應當歸屬於侵權行

鑑大法官之論述為本，顯見王大法官之論述為我國研究德國締約過失法制之重要文獻，故本文擬以前輩之成果為繼續之耕耘，在關於締約上過失之德國法制相關文獻的選定上，即以王澤鑑大法官之著述為基礎，特此說明。依據王大法官引用Jhering文章如此詮釋：「從事契約締結之人，是從契約外的消極義務範疇，進入了契約上的積極義務範疇；其因此而承擔的首要義務，係於締約時須善盡必要的注意。法律所保護的，並非僅是一個業已存在的契約關係，正在發展中契約關係亦應包括在內；……所謂契約不成立、無效者，僅指不發生履行效力，非謂不發生任何效力。簡單言之，當事人因自己過失致契約不成立或無效者，對信其契約為有效成立的相對人，應賠償因此項信賴所生之損害。」王澤鑑，債法原理（第一冊）：基本理論、債之發生，自版，2006年9月增訂版，頁258-259。

[9]　M. Fabre-Magnan, "Les obligations", *PUF*, 1e éd., p. 216, 2004.

為的範疇；第二種見解認為締約過失責任的基礎在於其後所締結的契約，或至少可擬制當事人於從事締約行為之際，已經默示地締結了責任契約，具有「類似契約的性質」（ein verträghnlicher Charakter）；第三種見解則是主張應類推適用德國民法相關規定之法理，以總體類推的方式處理締約過失的問題[10]。

王大法官進一步分析，上述三種見解都有缺陷之處。即如第一種見解，論者以為侵權行為的要件與範圍，與締約過失行為未必一致，並且侵權行為的要件較為嚴格，不容易具備，特別是侵權行為法則上有關僱用人免責、短期時效以及舉證責任的規定。故如將締約過失責任劃歸為侵權行為責任範疇，對於因締約過失受損害的相對人而言，保護似有欠周[11]。此外，侵權行為之損害賠償，所著重者在於如何填補現存利益的減損，而在締約過失，則是針對相對人所期待的契約不成立或無效，致喪失締約上的給付請求權的問題，二者性質上有所差異，所以第一種見解將締約過失責任歸屬於侵權行為責任的範疇，是不適當的。而第二種見解，則是對於締約過失的當事人間擬制存在著類似契約性質的關係，但這畢竟還是一種假設，當事人間是否確實可認為存在著此種關係，實不無疑問，所以也不是主流。至於第三種見解則失之蕪雜，德國學者對其亦多有批評。因此，王澤鑑大法官在論

---

[10] 參考王澤鑑，締約上之過失，民法學說與判例研究（一），自版，1993年9月，頁77-91（特別在頁80以下說明）。

[11] 原則上在德國民法體系中，限於絕對權（支配權）受到侵害者，才能以侵權行為法的體系救濟，如果屬於純粹經濟上的損失，原則上無法藉由侵權責任加以保護。相關論述，可參考向明恩等，前揭註4，頁163以下（特別在頁184以下詹森林教授發言內容）。

及締約過失法律基礎之德國通說時，認為締約過失責任的基礎應係德國民法第242條規定之誠實信用原則，而「基於此一原則，從事締約磋商之人，應善盡交易上必要的注意，維護相對人的利益，於違反時，應就所生的損害，負賠償責任[12]。」

然而在法國，除了少數學者外（例如Huet教授，認為一旦契約締結，就可以將契約中的資訊告知義務延伸到締約前的階段，特別是當這項資訊告知的義務會影響到契約成立後的履行問題時，所以締約過失責任問題應認為歸屬於契約責任的領域[13]），通說將締約過失責任劃歸為侵權行為責任領域。法國法院實務亦向來將契約締結前階段的問題，劃歸入侵權行為責任領域[14]。事實上，在法國的判例中，原先對於締約過失責任問題，因為強調尊重個人締約自由與交易安全，採取的立場是比較保守的。一直到1972年左右，法國最高法院（la Cour de cassation；亦有譯為「廢棄法院」者）才正式針對契約協商階段時，協商當事人須負締約過失責任的原則，作成了領導性的判決[15]。

在1972年的案件中，原告為一個法國廠商，其與一美國機器的經銷商接洽一筆水泥管生意，雙方在協商階段時往來頻繁，原告甚至還遠赴美國觀察機器操作過程，為此花費不貲。在原告取得了進一步的機器資訊後，這筆生意卻被經銷商突然地取

---

[12] 王澤鑑，前揭註10，頁82。

[13] J. Huet, "Responsabilité contractuelle et responsabilité délictuelle, essai de délimitation entre les deux ordres de responsabilité", th. Paris II, p. 219, cité par L. Leturmy, "La responsabilité délictuelle du contractant", *RTD Civ.*, 1998, p. 839, spéc. à note 16.

[14] L. Leturmy, *ibid.*; Renne, 9 juill. 1975, *D.* 1976, p. 417, note J. Schmidt.

[15] Cass com 20.3.1972 *JCP* 1973 II 17543.

消了，經銷商不僅把經銷權給了另外一個競爭的對手，並且進一步與該對手締結了42個月經銷專賣權的契約。原告因此起訴，向法院主張經銷商有過失致使其受到損害。由於案件涉及到締約自由的問題，最終法國最高法院認為經銷商在本案中確實有侵權行為存在，而判決被告應與原告賠償。

　　該案過後在法國相繼出現類似的案件。1992年法國Riom上訴法院在*SA Auto 26 c/ Sté Rover France*一案判決中指出，如果在締約前階段，締約自由是一項主要的原則，而這項原則也包含了在任何時候拒絕協商的自由，仍不免依法國民法第1383條[16]規定對於因拒絕協商造成有合法確信的契約相對人，為締結契約在相當期間所投入一定程度的特定花費，負損害賠償的責任[17]。隨後，在1998年的*Sté Laboratoires Sandoz c/ Ste Poleval*一案判決中，法國最高法院進一步地將締約過失責任案件歸納出三個影響判決的檢驗標準：（一）已經進行協商階段；（二）已經著手工作；（三）於協商過程中突然取消契約的締結[18]。而無論如何，就締約過失責任的法律性質，法國最高法院判決則是一致地認為此屬於侵權行為責任領域的問題[19]。

---

[16] 法國民法第1383條：「任何人不僅對因其行為造成之損害負賠償責任，且應對因其懈怠或疏忽所造成之損害負賠償責任。」（Chacun est responsable du dommage qu'il a causé non seulement par son fait, mais encore par sa négligence ou par son imprudence.）該條為侵權行為與準侵權行為章下之規定。

[17] 10.6.1992 RJDA 1992, No 893, p. 732.

[18] Com 7.4.1998 D. 1999, p. 514, note J. Schmidt.

[19] R.J.P. Kottenhagen, From Freedom of Contract to Forcing Parties to Agreement (http://publishing.eur.nl/ir/repub/asset/14270/from%20freedom%20of%20contract.doc, last visit: 27/12/2010).

　　孫森焱大法官在論及締約過失責任性質問題時，認為德、法兩國的民法之所以有不同見解，乃「由於德國民法第823條、第826條規定將侵權行為類型化，因為欠缺概括規定，促使締約過失責任趨向擴大契約責任為立論基礎，藉注意義務或附隨義務之違反，說明締約過失責任，此與法國民法第1382條就侵權行為採用概括規定，對於締約過失發生的損害，得依侵權行為請求賠償者不同，故法國學者有認為締約過失責任在法國無特予承認之必要者[20]」。此一見解從立法論上觀察，固有其見地，然而就此一問題，除了法國民法在侵權行為的立法上與德國民法採取的形式不同外，更主要的原因還是來自於二者的思考基礎與司法文化出發點的差異性：法國民法受自然法學派及普遍主義的影響，與基於法典學派（pandectiste）及強調邏輯性與科學性的德國民法，在許多問題的觀念上均各有其特異獨到的見解[21]。在締約過失責任問題上，或許應該從德、法雙方的侵權行為法結構談起。

　　從德、法兩國侵權行為法的結構上看，德國民法對於侵權行為問題首先會以受法律保護的財產權（geschutztes Rechtsgut）的概念來區分保護的種類。易言之，以區分不同的財產權類型的方式，將侵權行為案件予以類型化[22]，此一做法主要是基於保障

---

[20]　孫森焱，民法債編總論（下），自版，2006年9月修訂版，頁694。

[21]　O. Berg, "L'influence du droit allemand sur la responsabilité civile française", *RTD Civ.*, p. 53, 2006.

[22]　我國民法承襲德國民法的這種概念，所以分別在民法第184條本文以及第185條以下都可以看到幾乎與德國民法完全相同的立法模式。在民法第184條本文中，我國學者將之區分為三個部分：第184條第1項前段（因故意或過失，不法侵害

交易自由，防止當事人動輒以侵權行為干擾市場的考慮而來。相對地，法國民法在侵權行為法體系上，則是側重在保護受害人的部分，因此對於只要有損害發生——不問損害類型究竟是精神上的損害，還是單純的期待利益損害，甚至是機會的喪失——就應當予以填補的這種觀念，幾乎可說是已經根深蒂固[23]。二者在制度上無所謂優劣（均正視到協商階段所可能產生的損害問題），僅是所關注的焦點不同，因此在各自侵權行為法體系的發展上產生了差異。職是之故，對於應如何保障一個基於誠信原則基礎締結契約當事人在契約協商階段中的合法利益，德國法較傾向於先辨別所受侵害者，是何種利益，而將各種不同利益的保護劃歸由不同部門處理，並在立法上強調侵權責任所保護的利益限於生命、身體、健康、所有權或其他絕對權。但在法國法而言，這種辨別事實上不具意義，如果一方有合法的確信將取得一定的利益，卻遭受他方故意或過失的妨害時，這當然符合法國民

他人之權利者，負損害賠償責任）、第184條第1項後段（故意以背於善良風俗之方法，加損害於他人者亦同）及第184條第2項（違反保護他人之法律，致生損害於他人者，負賠償責任。但能證明其行為無過失者，不在此限）。最能夠說明這種類型化方式的，或許是債權是否作為侵權行為客體的問題。債權作為財產權的一種，在推論上自然是得作為侵權行為客體。但債權具有平等性與相對性，況且如果允許債權人得動輒以侵權行為主張對方侵害其債權，對於自由交易原則不可不謂是一種妨礙。所以我國學者多主張關於債權的侵害，應適用民法第184條第1項後段，而非第184條第1項前段之規定，以限制其行使條件。

[23]　然而，這並不代表侵權行為的損害賠償在法國法上就是毫無限制的。法國法院仍透過解釋的方式，對於侵權行為的損害賠償請求作出限制。例如損害必須要「確定的」並且是「直接的」，是對「合法利益」（intérêt légitime）的損害，或是對於「真實存在且認真的機會」（chance réelle et sérieuse）造成的損害等。O. Berg, *op. cit.*, p. 55.

法第1382條「任何行為致他人受損害時，因其過失致行為發生者，應對該他人負擔賠償之責任」中關於侵權行為的定義[24]，而應當將此類事件性質劃歸為侵權行為案件。

　　除了概念歸類與定性的問題外，在法律適用上我們還面臨到另一個困難：那就是如何確認締約過失責任的損害賠償範圍問題。

二、損害賠償範圍的確認

　　損害的存在，是締約過失責任的成立要件之一。無損害則無責任，亦無賠償可言。因此，確認締約過失造成的損害，即成為原告主張被告應付締約過失責任的前提。

　　關於損害的確認問題，應當分為兩個層次理解。首先為「是否存在著損害」的問題；其次為「損害的範圍（scope of damages）如何確認」的問題。不過，在概念上雖然可作這樣的區分，在現實上，上述兩個問題卻往往是牽連在一起的。例如原告主張因為被告違反誠信原則，在雙方協商締約階段突然地撤回締約的意思表示，致使契約無法成立，故應對原告因締結契約所支出的勞務及費用予以損害賠償的案件中，一方面法院要確認的，除了原告所主張的協商事實外，對於被告突然撤回締約意思表示，以至於原告的無法締結契約，而對原告因契約所可以獲得

---

[24] 原文為: Tout fait quelconque de l'homme, qui cause à autrui un dommage, oblige celui par la faute duquel il est arrivé à le réparer.

利益有所影響等事實（因此這個部分應該是屬於「是否存在著損害」層次的問題），另一方面，法院還必須在確認損害存在後，對於損害的填補範圍，在回復原狀（recovery of damages）的原則下作出適當的判斷。而在後者，往往原告和被告對於損害賠償的範圍的主張，有著相當的不一致，有時甚至是互相對立的看法。對被告而言，其可能為原告的損害賠償請求範圍應僅限於消極利益部分，亦即僅就信賴利益（reliance interest）的範圍內為求償之主張；而在原告方面，則可能主張除了上開利益的損害外，尚可對被告主張積極利益部分的損害賠償，如期待利益（expectation interest）[25]，甚至於其他非財產上的損害，例如人格權之侵害，或時間的浪費等[26]。但顯然地，原告是否能夠

---

[25] R. Novoa, "Culpa in contrahendo: A Comparative Law Study: Chilean Law and the United Nations Convention on Contract for the International Sales of Goods (CISG)", *AJICL*, Vol. 22, No. 3, 2005, pp. 584-612. 此處的期待利益的損害應與德國法上的履行利益（Leistungsinteresse）的損害有所區別，依照我國學者一般的定義，後者是指契約有效成立後，因債務不履行而生之損失者而言。按照這個定義，對於締約過失責任所造成的損害，可能會被解讀為無請求履行利益之可能，這主要是因為民法第245條之1與第247條均將締約過失的要件限定以「契約未成立」或是「無效」為前提，此與履行利益的定義限於「契約有效成立」為前提的立場，基本上是有所衝突的。不過，亦有學者認為履行利益是否得請求，與請求權基礎之性質無關，只要涉及到法律行為未能有效履行之賠償問題（包括有效的法律行為未被履行，及法律行為因不成立或無效而無法被履行的情形），就可以請求。依照這種見解，自然締約過失責任是可以請求履行利益的損害的。參考劉昭辰，履行利益、信賴利益，月旦法學雜誌，第116期，2005年1月，頁95-109。

[26] 我國司法實務認為，時間上光陰之浪費亦屬於非財產上損害，有司法院司法業務第一期研究會決議可資參照。另參考王澤鑑，時間浪費與非財產上損害之金錢賠償，民法學說與判例研究（七），自版，2006年9月，頁143以下。

主張積極利益的損害，與締約過失責任的定性問題有著相當的關聯。從推論上而言，如果將締約過失責任定性為侵權行為或契約責任問題，由於契約並未成立，原告難以證明履行利益的存在，我們很難想像法院會同意將積極利益的損害列入損害賠償的請求範圍中。相對地，如果將締約過失責任定性為一種獨立於侵權行為或契約責任以外之類型（例如定性為因違反誠信原則致生損害之賠償規定）時，則履行利益將不失為一個需要考慮的點，而法院通常也較願意考慮不將損害賠償的範圍限定於消極利益的範圍內。這一點從德國判例的發展或許可窺其大略：德國法將締約過失責任獨立於侵權行為領域之外，因而對於因締約過失所生信賴利益之損害賠償，亦明白表示其賠償額範圍不以履行利益賠償額範圍限制之[27]。

與損害賠償範圍相伴而生的問題，則是損害賠償數額計算（measure of damages）的問題。就何種利益受損害得獲賠償，無論是英美法或是大陸法均認為此屬於實體事項，而應由契約的準據法（lex contractus）決定，至於損害賠償數額的計算，則似乎有不同的見解。美國與大陸法系國家通常將之一併定性為實體問題，而英國法則一般認為此為事實上損害之鑑定問題，故將其定性為程序問題[28]。無論如何，對於損害賠償的項目與範圍，因定性為不同問題而分別割裂適用不同的法律的情形，確實存在於判例法中，因而在締約過失責任的判定上，似乎亦無可避免地

---

[27] 王澤鑑，信賴利益之損害賠償，民法學說與判例研究（五），自版，2004年10月，頁229以下（特別在頁248）。

[28] 陳隆修，比較國際私法，五南，1989年，頁161、171。

面臨是否將損害賠償的範圍與數額計算問題分別處理，以適用不同法律。此一問題目前在我國尤其有討論的必要，我國最高法院在2007年、2008年時先後就兩個涉外侵權行為案件作出了先驅性的判決[29]，認為：「民事事件之主法律關係，常由數個不同之次法律關係組合而成，其中涉外民事法律關係本具有複雜多元之聯繫因素，倘該涉外民事事件係由數個不同之次法律關係組成其主法律關係，若僅適用其中單一之衝突法則以決定準據法，即欠缺具體妥當性。在此情形下，自宜就主法律關係可能分割之數個次法律關係，分別適用不同之衝突法則以決定其準據法，始能獲致具體個案裁判之妥當性。」進而將賠償責任的成立（主法律關係）與賠償的範圍（次法律關係）兩項問題劃分，分別適用不同的法律。而如果這種分割適用法律的方法為我國最高法院所肯定，那麼在締約過失責任的問題上，不也同樣可以作這種區分，將損害賠償數額計算作為一「次法律關係」，適用不同之法律？

　　而這種源於英美法系之「分割爭點」（issue-by-issue）的方法，是否適用於大陸法系國家之法院？特別是在締約過失的問題上，法院得否就締約過失責任的成立問題與締約過失責任賠償範圍問題加以分割？在大陸法系國家的國際私法立法趨勢上，是否傾向於將賠償責任的成立與賠償的範圍等問題加以分割處理，適用不同之法律？

---

[29] 見最高法院96年台上字第1804號（譚○茵案）及97年台上字第1838號判決（越南勞工案）。關於此二號判決所涉及的方法論十分獨特，請參考本書第二部分第三章。

上開問題，或許可從以下羅馬二號規則的規範比較分析中找到答案。

參、締約過失問題之解決：羅馬二號規則

在有關的區域性公約中，第一個將締約過失法律適用問題獨立類型化的，應該是羅馬二號規則。於此之前，幾個重要的契約法公約，例如1955年6月15日海牙國際動產買賣準據法公約（Convention of 15 June 1955 on the law applicable to international sales of goods）、1980年4月11日聯合國國際貨物銷售契約公約（United Nations Convention on Contracts for the International Sale of Goods (CISG)）等，雖然有觸及協商階段需遵守誠信原則等觀念，但其均未將締約過失的法律適用規範加以明確、獨立類型化，這使得研究締約過失的法律適用問題上，羅馬二號規則成為目前唯一可資參考的重要國際法源依據。

暫且不論1980年的羅馬契約之債準據法公約（亦即羅馬一號規則）在歐洲國際私法學者間所引起的爭議[30]，羅馬二號規則倒是奇蹟式地迅速通過，並且將在2009年1月11日正式施行。作為第一個「共同體化」（communautarisation）的選法規則，羅馬二號規則與羅馬一號規則相同的地方是，這兩號規則基本上對

---

[30] 在法國，2007年時曾引起超過60名法國國際私法學者對於羅馬一號規則的正當性問題，向當時的法國總統席哈克（J. Chirac）發出公開信表達抗議。

於歐洲聯盟的會員國間均有世界性效力[31]。換句話說，規則所採用的法則與適用的範圍，具有取代各會員國內國的國際私法規則的效果，其不僅適用於歐盟會員國間的法律衝突問題，並且也適用於各歐盟成員國與非歐盟國家間之法律衝突問題[32]。基本上，這是歐洲統一國際私法運動的具體成果。

本文以下即就羅馬二號規則所提出的解決方案，與該方案所仍可能面臨的問題等，為分別討論。

一、解決方案的提出

在羅馬二號規則所提出的解決方案中，第12條將締約過失責任問題基本上依照下列的方式決定法律的適用：

「1.無論契約締結與否，締約前因交易所生之非契約債務，應適用該契約所應適用，或契約如得締結時所應適用之法律。

---

[31] 羅馬一號規則第2條規定：「本規則選定之準據法，無論是否為成員國之法律，均應適用之。」（Any law specified by this Convention shall be applied whether or not it is the law of a Contracting State.），同樣的條文亦見於羅馬二號規則第3條之規定（Any law specified by this Regulation shall be applied whether or not it is the law of a Member State.）。一般咸信這是歐盟成員國間進行「統一國際私法」運動成果的重要表現。

[32] 然而，特定國家如丹麥，對於羅馬二號規則的適用則是作出保留，這也造成了一些任擇法院的疑慮，不過一般相信問題其實不大。Chronique de droit international privé, Le règlement (CE) No. 864/2007 du Parlement européen et du Conseil du 11 juillet 2007 sur la loi applicable aux obligations non contractuelles, *LPA*, 4 août 2008, n°155, p. 8.

2.在無法依本條第1項決定準據法時，適用的法律為：

(a)損害發生地國法，無論該國是引起損害事件發生國，亦不論該國或他國係間接影響該損害事件之發生者。

(b)引起損害事件發生時，當事人之共同慣居地國法。

(c)上述(a)(b)規定外，參酌該締約前所生的非契約債務案件中所有環境條件，如有其他最密切關聯國時，依最密切關聯國法[33]。」

顯而易見地，在1980年羅馬契約之債準據法公約後，將彈性選法與指定連繫因素並用的多元主義選法模式，似乎已經成為歐體化選法規則的主流立法趨勢。學者有對之持肯定態度者，認為此種「多元主義的選法模式，有助於法關於具體個案中準據法之決定，而不會有無法可用之窘境」。從而在解釋上認為如果

---

[33] Regulation (EC) No. 864/2007, Art. 12:

"1. The law applicable to a non-contractual obligation arising out of dealings prior to the conclusion of a contract, regardless of whether the contract was actually concluded or not, shall be the law that applies to the contract or that would have been applicable to it had it been entered into.

2. Where the law applicable cannot be determined on the basis of paragraph 1, it shall be:

(a) the law of the country in which the damage occurs, irrespective of the country in which the event giving rise to the damage occurred and irrespective of the country or countries in which the indirect consequences of that event occurred; or

(b) where the parties have their habitual residence in the same country at the time when the event giving rise to the damage occurs, the law of that country; or

(c) where it is clear from all the circumstances of the case that the non-contractual obligation arising out of dealings prior to the conclusion of a contract is manifestly more closely connected with a country other than that indicated in points (a) and (b), the law of that other country."

無法依照第12條第1項選擇準據法時，例如「當事人間關於該契約尚無合意選定準據法，亦無從依特徵性履行決定契約準據法時，亦即在締結契約之最初階段，所有事實情狀，尚不足以決定契約如已締結所應適用之法律時」之情形，則應當依序適用第2項之(a)、(b)規定[34]。易言之，儘管這種多元主義選法模式合併了彈性選法理論與傳統選法理論的方法，但在適用上還是採取了一種類似Kegel階梯式（Kegelsche Leiter）的法律適用方式[35]。

而所應研究的，是這樣的合併方法，是否合理而毫無困難？

首先，第12條第2項提出的三項標準：損害結果發生國法、兩造當事人共同慣居地國法及最密切關聯國法，最後一項似乎是被當成「例外條款」（clause d'exception）適用的：而這也是從1980年羅馬公約契約之債準據法公約以來，歐洲國際私法學者間一向的主流見解。然而，可受質疑的是，當一個正在進行協商中的締約過程，其許多方面的條件與基本的契約內容都還不確定下（例如交易的價格、履行的時間、地點等契約「必要之點」，雙方當事人均未有合意），要如何能夠從一片模糊而不確定的事實中理出「最密切關聯」的頭緒，進而決定案件的準據法？再者，何以當事人的共同慣居地國也可以成為締約過失責任

---

[34] 許耀明，歐盟國際私法最新發展——簡評2007歐盟關於非契約債務準據法864/2007號規則（羅馬規則II），國際私法新議題與歐盟國際私法——學術論文集，元照，2009年4月，頁274以下。

[35] 關於Kegel的理論，可參考賴來焜，基礎國際私法學，三民，2004年6月，頁223-225。

的法律適用標準，當事人的共同慣居地（而非活動或營業交易中心地）是否在締約過失的法律關係中扮演重要角色，事實上是值得懷疑的。

　　必須指出的是，在羅馬二號規則立法理由第30點中提到：「本規則所定之『締約過失』是個別獨立的概念，此一概念不需以內國法上締約過失之意義解釋之。此一概念應包含違反資訊揭露義務以及違反中斷契約協商義務。第12條僅適用於締結契約前與契約之協商具有直接連繫的非契約之債。因此，如果當事人在契約協商階段遭受人身損害，應適用本規則第4條或本規則之其他相關條文[36]。」顯見羅馬二號規則有意限縮締約過失的成立範圍，這也使得原來一些傾向侵權行為性質但與契約前階段協商不具直接連繫性的締約過失行為，例如因過失未維護賣場安全，致使前來賣場看貨的買主受傷者，或是因未告知產品危險資訊，致使買主在試用操作時受傷等情形被分離出來，而依情形分別適用羅馬二號規則第4條關於一般侵權行為或是其他相關條文（例如第5條關於產品責任之規定）。於是即有可能就同一個法律關係，產生出「侵權行為法」（lex delicti）與「契約準據法」（lex contractus）兩項法律適用標準並存的現象，可說是羅

---

[36] (30) *Culpa in contrahendo* for the purposes of this Regulation is an autonomous concept and should not necessarily be interpreted within the meaning of national law. It should include the violation of the duty of disclosure and the breakdown of contractual negotiations. Article 12 covers only non-contractual obligations presenting a direct link with the dealings prior to the conclusion of a contract. This means that if, while a contract is being negotiated, a person suffers personal injury, Article 4 or other relevant provisions of this Regulation should apply.

馬二號規則在締約過失責任法律適用規範上的特色。

二、待解的難題

　　羅馬二號規則雖然提出了上述這種「兩階段（區分為契約準據法適用階段與無契約準據法適用階段）、三標準（損害結果發生國法、兩造當事人共同慣居地國法及最密切關聯國法）」的法律適用方法，卻還是無法避免必須面對一些待解的難題。

　　首先是定性的問題。公約僅言「締約前所生的非契約債務」，卻未就何謂「非契約債務」下任何定義。如果是涉及到契約前階段因交易商談所生之債（les obligations découlant de tractations menées avant la conclusion d'un contrat）的問題，由於依照羅馬一號規則第1條2i的規定，該規則不適用於契約前階段因交易商談所生之債，故此類問題即非歸類於契約責任領域處理。又依據與1968年布魯塞爾管轄權公約相關的判決先例，歐洲法院在Tacconi案中認為就被告先契約責任所提起之訴訟，係屬於侵權行為或準侵權行為（quasi délictuelle）領域之問題[37]，於此歐洲法院在面對契約前階段因交易商談所生之債之問題上，似乎與法國法一致，有將問題定性為侵權責任領域的傾向，而非定性為契約責任領域，故此類問題應可適用羅馬二號規則第12條以下規定。但亦有學者指出，這並不表示所有契

---

[37] CJCE 17 sept. 2002, Tacconi, *Rev. crit.* DIP 2003, p. 669, note P. Rémy-Corlay; Defrénois 2003, p. 254, obs. R. Libchaber; *RTD* com. 2003, p. 207, obs. A. Marmisse.

約前階段因交易商談所生之債問題就一定會被定性為侵權行為責任，還必須視具體案件的法律爭點為何，才能決定。舉例而言，當一方當事人主張他方對於契約締結任意地撤回或取消其在協商階段的意思表示為無效，他方當事人若主張該任意撤回或取消的行為為有效，那麼就此一問題的法律性質，應該定性為契約責任，而非侵權責任領域之問題[38]。

其次是有關當事人在協商階段所可能達成意思表示合致（l'accord）的問題，也應視其意思表示合致的內容究竟如何，以決定法律的適用。在協商階段的意思表示合致上，當事人有可能僅就「如何進行協商程序」部分達成合致，亦有可能僅就契約「特定條件內容」達成合致，後者往往可能涉及到在什麼條件下准許當事人在協商階段可撤回或取消其締約意思表示的情形[39]。問題在於，在當事人基於上述這兩種選法意思的合致下所選定的準據法，如果與羅馬二號規則第12條第1項指定的準據法（契約如得締結時所應適用，或契約締結時本應適用之法律）有所不同時，則可能會產生不同的法律效果。舉例而言，當事人部分合致

---

[38] S. Bollée, "A la croisée des règlements Rome I et Rome II: la rupture des négociations contractuelles (1)", R.D. 2008, p. 2161. 轉引自 Rappr. B. Haftel, "La notion de matière contractuelle en droit international privé-étude dans le domaine du conflit de lois", thèse, Paris II, 2008, n° 1143 s.

[39] 此為歐盟契約之債準據法規則（即羅馬一號規則）所准許的選法方式，即一般所稱的準據法「分割適用」（Déperçage）情形。見該規則第3條第1項：A contract shall be governed by the law chosen by the parties. The choice shall be made expressly or clearly demonstrated by the terms of the contract or the circumstances of the case. By their choice the parties can select the law applicable to the whole or to part only of the contract.

所選定的A準據法認為當事人在協商階段撤回或取消其締約意思表示是合理且有效的，但羅馬二號規則第12條第1項指定的B準據法卻認為這種情形構成締約過失，似此情形究竟應如何調和法律適用上的差異性，如何在尊重當事人的意思的前提下適用法律，即成問題[40]。

　　再者，羅馬二號規則對於締約過失責任所造成損害賠償的範圍，以及賠償數額的計算等法律適用問題，在第12條中並無明文規定。則此一問題似應依據第15條有關準據法的涵攝範圍，所謂共同規定（Common Rules）決定之。該條規定：「本規則所稱非契約債務準據法，包括：(a)侵權責任之成立要件以及侵權行為人之確定；(b)例外不成立侵權責任之基礎，所有侵權責任之限制與侵權責任之分割；(c)損害或賠償請求的存在、性質與數額估算；(d)法院依其程序法可為之避免或終止傷害或損害的措施，以及賠償範圍之限制；(e)侵權行為請求權之移轉，包括繼承在內；(f)損害賠償請求權人之界定；(g)第三人行為損害賠償責任之要件；(h)時效，包括其起算、中斷、限制以及暫停[41]。」是以，就此一問題，羅馬二號規則將之納入與案件準據

---

[40]　S. Bollée, *ibid.*

[41]　Regulation (EC) No. 864/2007, Art. 15:

"The law applicable to noncontractual obligations under this Regulation shall govern in particular:

(a) the basis and extent of liability, including the determination of persons who may be held liable for acts performed by them;

(b) the grounds for exemption from liability, any limitation of liability and any division of liability;

(c) the existence, the nature and the assessment of damage or the remedy claimed;

法作統一之處理，而不為法律的割裂適用，如此規範方式是否符
合個案正義，對於傳統上將損害賠償數額估算認為是事實問題
的英國法院是否造成衝擊，均值得觀察。

肆、結　論

　　一項立法的提出，總不可能十全十美，在國際公約的立法上
尤其如此。羅馬二號規則各會員國間法律系統，本即針對締約
過失責任性質有不同見解，該規則的提出，事實上已經是儘量
就締約過失責任的法律適用問題，謀求最大的協調可能了。儘管
規則仍留下一些難題尚待解決，但其清楚地昭示「兩階段、三標
準」的法律適用方式，的確為其會員國之司法實務工作人員節省
了不少時間。從而規則對於選法穩定性的維護，以及判決的可預
見性保障方面，確實是有所貢獻的。

　　我國於2010年甫通過之新修正涉外民事法律適用法中[42]，雖

(d) within the limits of powers conferred on the court by its procedural law, the measures which a court may take to prevent or terminate injury or damage or to ensure the provision of compensation;

(e) the question whether a right to claim damages or a remedy may be transferred, including by inheritance;

(f) persons entitled to compensation for damage sustained personally;

(g) liability for the acts of another person;

(h) the manner in which an obligation may be extinguished and rules of prescription and limitation, including rules relating to the commencement, interruption and suspension of a period of prescription or limitation."

[42] 關於此次涉外民事法律適用法修正，相關文章可參考劉鐵錚，論涉外民事法律

然就部分涉外民事法律關係已酌採彈性選法理論作為選法的標準[43]，但與羅馬二號規則所採用的法律適用方法相比，則還是相對地保守。誠然，在法律關係的類型化與細緻化工作上，新修正之涉外民事法律適用法確實是向前邁開了歷史性的一大步，但對於1999年我國民法修正後，於第245條之1明文獨立類型化了締約過失責任規範，新修正涉外民事法律適用法卻對此一法律關係未提出相應的法律適用規定，難免令人有遺珠之憾。

本章期待提出此一議題，能夠拋磚引玉，促使我國學界及司法實務工作者就國際私法上締約過失法律適用問題重新思考，是否在未來將締約過失法律適用問題亦列入涉外民事法律適用法規範之中，從而一併就其所可能牽涉之他項法律適用問題，例如損害賠償數額範圍與損害賠償數額計算等問題，為統一明確之規定，使整部涉外民事法律適用法的規範體系，能因此更趨於充實與完備。即或不然，依據新修正涉外民事法律適用法第1條（原第30條）規定：「涉外民事，本法未規定者，適用其他法律之規定；其他法律無規定者，依法理。」我國司法實務工作者似非不得考慮上開羅馬二號規則所揭示之法律適用方式，以因應日趨紛雜多變之涉外民事案件。

適用法之修正，法令月刊，第50卷第5期，1999年5月，頁3-6；王志文，涉外民事法律適用法之修正與檢討，華岡法粹，第31期，2004年5月，頁1-46；許耀明，我國涉外民事法律適用法最新修正草案述評，月旦法學教室，第64期，2008年2月，頁59-69。

[43] 即法文中所稱「關係最切之法律」。我國國際私法學者一般咸認此一修正係源於美國國際私法新選法理論中之最重要牽連（The most significant relationship）原則。

參考文獻

中文部分

王志文，涉外民事法律適用法之修正與檢討，華岡法粹，第31
　　期，2004年5月，頁1-46。

王澤鑑，締約上之過失，民法學說與判例研究（一），自版，
　　1993年9月，頁77-91。

王澤鑑，法學上之發現，民法學說與判例研究（四），自版，
　　2002年11月，頁1-23。

王澤鑑，信賴利益之損害賠償，民法學說與判例研究（五），自
　　版，2004年10月，頁229-252。

王澤鑑，時間浪費與非財產上損害之金錢賠償，民法學說與判例
　　研究（七），自版，2006年9月，頁143-160。

王澤鑑，債法原理（第一冊）：基本理論、債之發生，2006年9
　　月修訂版。

向明恩等，德國締約過失責任之發展，民法研討會第53次研討
　　會會議紀錄，法學叢刊，第217期，2010年1月，頁163-
　　192。

林恩瑋，論定性的反致——台法法制之比較，東海大學法學研
　　究，第24期，2006年6月，頁241-273。

孫森焱，民法債編總論（下），2006年9月修訂版。

許耀明，我國涉外民事法律適用法最新修正草案述評，月旦法學
　　教室，第64期，2008年2月，頁59-69。

許耀明，歐盟國際私法最新發展──簡評2007歐盟關於非契約
　　債務準據法864/2007號規則（羅馬規則II），國際私法新議
　　題與歐盟國際私法──學術論文集，元照，2009年4月，頁
　　274-302。

陳隆修，比較國際私法，1989年。

劉昭辰，履行利益、信賴利益，月旦法學雜誌，第116期，2005
　　年1月，頁95-109。

劉鐵錚，論涉外民事法律適用法之修正，法令月刊，第50卷第5
　　期，1999年5月，頁3-6。

賴來焜，基礎國際私法學，2004年6月。

外文部分

Chronique de droit international privé, Le règlement (CE) no
　　864/2007 du Parlement européen et du Conseil du 11 juillet
　　2007 sur la loi applicable aux obligations non contractuelles,
　　LPA, 4 août 2008, n°155, p. 8.

J. Huet, Responsabilité contratuelle et responsabilité délictuelle,
　　essai de délimitation entre les deux ordres de responsabilité,
　　th. Paris II.

L. Leturmy, "La responsabilité délictuelle du contractant", *RTD
　　Civ.*, 1998, p. 839.

M. Fabre-Magnan, "Les obligations", *PUF*, 1ᵉ éd., 2004, p. 216.

O. Berg, "L'influence du droit allemand sur la responsabilité civile
　　française", *RTD Civ.*, 2006, p. 53.

R. Cabrillac, D. Mazeaud et A. Prum, "Le contrat en Europe
　　aujourd'hui et demain", Colloque du 22 juin 2007, *RTD Civ.*,

p. 74.

R. Novoa, "Culpa in contrahendo: A Comparative Law Study: Chilean Law and the United Nations Convention on Contract for the International Sales of Goods (CISG)", *AJICL*, Vol. 22, No. 3, 2005, pp. 584-612.

Rappr. B. Haftel, "La notion de matière contractuelle en droit international privé-étude dans le domaine du conflit de lois", thèse, Paris II, 2008.

S. Bollée, "A la croisée des règlements Rome I et Rome II: la rupture des négotiations contractuelles (1)", R.D. 2008, p. 2161.

|第三章|
選法方法新論：分割爭點方法

壹、前 言

「分割爭點（issue-by-issue）方法」，在我國學界中或譯為「各個問題有各個準據法之技巧」[1]，或譯為「法律適用分割方法」[2]、「分割問題」[3]。實則嚴格而論，「分割爭點方法」是一種手段，「分割問題」（dépeçage）則應是運用「分割爭點方法」後所產生的結果之一[4]。然而，如果僅討論是否運用「分割爭點方法」，而不討論運用此一方法後所可能產生「分割問題」之結果，事實上亦不具意義。故本文為避免在名詞上為過度

---

[1] 陳隆修，國際私法契約評論，1986年，頁116以下說明。另有學者將這種方式稱為「picking and choosing」。Cheshire and North, "Private International Law", 49, 2004.

[2] 柯澤東，國際私法，2006年9月版，頁77以下。

[3] 賴來焜，當代國際私法學之構造論——建立以「連結因素」為中心之理論體系，2001年9月，頁724以下。

[4] Symeon C. Symeonides, "Proceeding of The Duke Law Center for International Law and Tulane Law Review Symposium: The New European Choice-of-Law Revolution: Lessons for the United States?", 82 Tul. L. Rev. 1741, at 1782, 2008.依照大陸法系法學方法之習慣，或許吾人可嘗試對「分割爭點方法」下一定義，即法院為達個案正義，以訴訟當事人之主張為基礎，就系爭特定之涉外民事法律關係，分割為不同之爭點，分別適用不同準據法之選法方法也。

不必要之爭議，擬採「分割爭點方法」此一譯文，俾將本文之論述中心聚焦於探討法院運用分割爭點方法時，其法律適用之妥當性與合理性等問題。

「分割爭點方法」的提出，主要源於傳統選法理論中關於定性（qualification）問題之操作技巧的發展。這種方法在英美法院的判決中早已被運用多時。例如在夫妻間侵權行為案件，如果涉及到一個國家的政策對於這種夫妻間侵權行為有免責（interspouse immunity）的規定，則法院不應該無視於這種法律規定的存在，應當以更精細的方式將這種夫妻間侵權行為免責的類型獨立於一般侵權類型之外，作為另一個爭點處理，即為一例[5]。英美法院之所以採用「分割爭點方法」的原因，主要是因為法官考慮到涉外案件法律關係本身所具備之複雜性，無法以一個單一的準據法適用加以概括，故希望能夠藉由分割不同的爭點方式，逐一地將不同的，且可分割的涉外法律關係爭點分別適用不同之法律規定，以達成其心中所認為之具體個案正義的目標。有學者甚至指出，這種「分割爭點方法」正是美國選法理論革命以來的一項整體特徵（integral feature），與判例法系統之法院適用法律之方法相互輝映[6]。

然而，在大陸法系國家，傳統上對於這種運用「分割爭點方法」造成「分割問題」的現象，卻是採取敵對的態度。主要的理

---

[5] Cheshire and North, *supra* note 1.

[6] Symeon C. Symeonides, "Symposium: The Challenge of Recodification Worldwide: The Conflicts Book of the Louisiana Civil Code: Civilian, American, or Original?", 83 Tul. L. Rev. 1041, at 1067, 2009.

由是基於強調國家法律本身的系統性，如果採用分割適用準據法的結果，往往可能造成對國家法律的扭曲適用。因此僅有在極少數的情形，在尊重當事人意思自主的前提下，例如契約案件，才會例外地准許分割適用的情形存在[7]。

　　然而，即使傳統選法理論的堅定捍衛者，也不能不承認法律的分割適用狀態，事實上早已存在於各國的涉外案件判決之中。最基本的一種分割適用的情形是：幾乎全世界所有國家的法院都在程序上適用法院地法，而當其所選擇之實體法問題之準據法為外國法時，自然就產生了法律分割適用的狀況。當然，這種法律分割適用的情形，和本文所探討的「分割爭點方法」還是有些許的不同（儘管二者都涉及了法律概念定性的基本問題，並且將不同的問題交由不同國家的法律系統解決）。「分割爭點方

---

[7]　Y. Loussouarn, P. Bourel e P. de Vareilles-Sommières, "Droit international privé", *Dalloz*, 8éd., 2004, pp. 216-217; B. Audit, "Droit international privé", *Economia*, 2000, 3éd., n°125. 實則此一問題從歐盟統一國際私法的發展上亦可略窺一二。在1980年羅馬契約準據法公約（即後來的歐盟2008年6月18日第593/2008號契約之債準據法規則，又稱羅馬一號規則），其第3條第1項規定：A contract shall be governed by the law chosen by the parties. The choice shall be made expressly or clearly demonstrated by the terms of the contract or the circumstances of the case. By their choice the parties can select the law applicable to the whole or to part only of the contract. 顯見明文接受法律分割適用之情形。然而類似的規定卻在隨後的歐盟2007年7月11日第864/2007號非契約之債準據法規則（又稱羅馬二號規則）中，其基本立法原則反對分割適用法律（特別是第15條，規定了準據法的適用範圍，但也有不同見解，認為羅馬二號規則並未明文排除分割適用法律者，參考Symeon C. Symeonides, "Rome II and Tort Conflicts: A Missed Opportunity", 56 Am. J. Comp. L. 173, at 185, 2008）。關於歐盟統一國際私法之發展，可參考許耀明，歐盟統一國際私法之發展——以「管轄權規則」與「準據法公約」為例，月旦法學雜誌，第110期，2004年7月，頁93以下。

法」是更進一步地將法律關係的爭點個別化、具體化，甚至在
同一個性質的問題中（例如同為實體問題，或程序問題）也可以
作不同的爭點分割（例如對於同為實體問題的損害賠償成立要件
與損害賠償範圍作分割處理），其技巧性與彈性均較單純的法律
分割適用狀態更為細膩。

　　我國司法實務上因採取涉外民事法律適用法強制適用的態
度，對於準據法的適用一向採取較為傳統的立場，亦即反對割裂
適用準據法，強調準據法的一體適用性。這樣的態度在我國司
法實務判決上屢見不鮮，例如台灣高等法院民國88年保險上更
（一）字第10號判決即認為：「……本件債務不履行損害賠償
請求權之準據法既為中華民國法律，即無單就時效期間割裂適用
之餘地[8]。」又如台灣高等法院民國90年保險上字第1號判決[9]認
為：「查本件訟爭之準據法為英國保險法，既如前述，則關於上
開保險金遲延利息之計算，自亦應準據適用英國保險法或相關民
商法（實體法）之規定，而無庸再依英國涉外民事法律適用重新

---

[8]　本案係因我國籍法人，因挪威國籍被告所有之泰德輪（M.V. "TEXAS"）承
　　運中華民國國籍之訴外人所託運之塔式吊車及其零附件，由澳大利亞雪梨港
　　（Sydney）起運至我國基隆港目的地，因欠缺堪航能力導致發生貨損所起訴之
　　案件。兩造就我國海商法第100條及澳大利亞海上貨物運送法第3條第6項關於時
　　效規定有所爭執，最後法院作成應將時效問題與損害賠償請求權成立問題一併
　　適用中華民國法律之判決。

[9]　本案為給付保險金請求，就遲延利息之利率計算部分，原告主張依英國涉外事
　　件處理法律，對於「利率」等程序事件，應採審判地法原則（即中華民國法）
　　決定，惟此一主張為高等法院所不採。相關判決還牽涉「定性之反致」（renvoi
　　de qualification）問題，參考林恩瑋，論定性的反致，東海大學法學研究，第24
　　期，2006年，頁241-273。

定性、決定準據法，蓋本件關於遲延利息部分之請求，無非係其保險金請求權之附帶請求，倘就遲延利息請求部分，再行依英國涉外民事法律適用重新定性、決定準據法，恐將造成具依存關係之二項請求，割裂適用不同之準據法。」均為著例。

然而，邇來最高法院卻連續在2007年、2008年先後作成96年台上字第1804號、97年台上字第1838號等判決，特別是後者，幾乎已經將最高法院對於涉外法律關係中僅適用單一之衝突法則決定其準據法，將有違具體妥當性之立場予以確認。此誠為我國司法實務上運用國際私法學理論的一大躍進！不過，系爭判決所提出的法律適用方法，是否即為「分割爭點方法」之適用？「分割爭點方法」是否有引進我國司法實務之必要性？又此一方法是否均得毫無保留運用於任何案件？系爭判決所提出之法律適用方法，有無進一步細緻化、具體化之必要？均值進一步之研究。筆者不揣簡陋，於肯定最高法院判決之同時，亦欲以拙筆拓深討論上開二則判決之內容，期能拋磚引玉，共同喚起我國國際私法學界對此二則判決之關注。

貳、案例內容摘要

茲將本案所涉及之事實與爭點，與兩造爭執之要旨及攻擊防禦方法，併歷審裁判及理由要領，分別整理如下：

一、最高法院96年台上字第1804號判決

（一）事實概要

　　共同原告甲、乙起訴主張被告丙於民國91年12月26日凌晨3時40分許，駕駛重型機車搭載訴外人其女譚○茵出遊，途中因超速不慎撞及快慢車道間之分隔島及路樹，致人車倒地後，譚女因身體受有多處傷害，經送醫後不治死亡，被告因而被依過失致死罪判處有期徒刑。因被告為上開侵權行為時年僅19歲，依法其父母丁、戊即應連帶負賠償責任。共同原告甲、乙為譚女之父母，爰依我國民法侵權行為之規定，向被告丙、丁、戊請求其為處理譚女之喪葬事支出殯葬費用、交通費用，並一次請求扶養費用及精神慰撫金。

（二）本件重要之法律上爭點

　　本件共同原告主張，因譚女對於伊等負有法定扶養義務，故加害人被告等應對伊負損害賠償責任。被告等則主張在香港，子女對父母沒有扶養義務，且上訴人非不能維持生活，故不能請求扶養費。則就該部分之請求，究竟應適用台灣地區法律，抑或香港地區法律？

（三）兩造爭執要旨及攻擊防禦方法

　　上訴人（即第一審香港籍共同原告）主張本案為民事事件涉及香港或澳門者，依香港澳門關係條例第38條前段類推適用涉外民事法律適用法第9條規定，關於由侵權行為而生之債，依侵

權行為地法。但中華民國法律不認為侵權行為者，不適用之。侵權行為之損害賠償及其他處分之請求，以中華民國法律認許者為限，故本件應依我國法審判。又依中華民國民法第184條第1項前段、第187條第1項前段、第192條第1項、第2項、第194條等規定，主張其應得對被上訴人等請求扶養費用。被上訴人等（即第一審我國籍被告等）則以在香港，子女對父母沒有扶養義務，且上訴人非不能維持生活為由，主張上訴人等不能請求扶養費用。

（四）歷審裁判及理由要領

本件第一審高雄地方法院接受原告等主張，並對於原告所得請求之扶養費用範圍為明確之計算與劃定[10]。惟第二審台灣高等法院高雄分院則以「涉外民事法律適用法第21條規定『扶養之義務，依扶養義務人之本國法』，本件扶養義務人係譚○茵，譚○茵係香港居民，其本國法即香港法律，而依香港法律規定，子女對父母並無扶養義務，為兩造所不爭，並有我國行政院大陸委員會香港事務局94年9月7日港局綜字第0654號函附卷可稽，已如前述，故被害人譚○茵對被上訴人並無扶養之義務，被上訴人依我國民法第192條第2項規定，請求上訴人賠償扶養費之損害，即不應准許。又我國民法親屬編關於直系血親相互間之扶養義務，僅適用於我國國民，於非我國國民間並非當然適用，而我國民法債編侵權行為之規定，並無關於非我國國民間之扶養義

---

[10] 台灣高雄地方法院92年重訴字第740號民事判決。

務之規定，自應適用上開涉外民事法律適用法第21條之規定，因此譚○茵對被上訴人並無扶養義務之認定，係適用侵權行為地法即我國法之結果，上訴人主張應依我國民法親屬編之規定，認譚○茵對被上訴人有扶養義務云云，自不足採」為由，認被上訴人（即第一審之原告等）不得請求扶養費用[11]。

　　最高法院就此，則表達支持高等法院之見解，並石破天驚地進一步闡述：「按某一民商法律關係（下稱主法律關係）往往由數個不同之次法律關係組合而成，因涉外民商法之關係極為複雜多樣而具有多元之聯繫因素，倘由數個不同之次法律關係所組合成之主法律關係，僅適用單一之衝突法則決定其準據法，恐有違具體妥當性之要求，故不妨分割該主要法律關係為數個平行之次法律關係，以適用不同之衝突法則來決定準據法，用以追求個案具體之妥當性。次按侵權行為法之理想，在給予被害人迅速及合理之賠償，務使其能獲得通常在其住所地可得到之保障及賠償。本件因被害人譚○茵是否對於上訴人負有法定扶養義務，並非侵權行為（主要法律關係）不可分割之必然構成部分，並無一體適用單一之衝突法則決定其準據法之必要，是以關於被上訴人應否負侵權行為損害賠償責任部分，應依涉外民事法律適用法第9條第1項規定以侵權行為地法（即我國法）為其準據法；關於損害賠償事項，即被害人譚○茵是否對上訴人負有扶養義務部分，既非侵權行為不可分割之必然構成部分，且對於扶養義務之歸屬，各國法律有迥然不同之規定，故就此部分應依涉外民事法

---

[11]　台灣高等法院高雄分院94年重上字第18號民事判決。

律適用法第21條規定，以扶養義務人之本國法（即香港法）為其準據法。查依香港法律規定，子女對於父母並無扶養義務，上訴人受香港政府扶養之權利，不因其女譚○茵死亡而喪失。故上訴人縱未受扶養費之賠償亦難謂其未受合理之賠償。況如依我國法判決給予扶養費之賠償，則上訴人就扶養費部分將受有雙重利益，已逾損害賠償之目的。從而原審就上訴人請求賠償扶養費部分為其敗訴之判決，理由雖有未盡，結果並無二致，仍非不可維持。」

二、最高法院97年台上字第1838號判決

（一）事實概要

原告為一越南籍勞工，自民國91年8月30日起受僱於被告我國籍統○股份有限公司（下稱統○公司），擔任中空成型機操作員。其主張93年1月28日，因該機器之紅外線感應及安全門裝置均無法發揮作用，且統○公司從未依勞工安全衛生法（下稱勞安法）第5條、第23條規定，對伊實施從事工作及預防災變所必需之安全衛生教育訓練並提供必要之安全衛生設備，違反保護他人法律之規定，致伊操作系爭機器時，左手掌遭模具壓碎後截肢，經醫院審定為第七級殘廢，減少勞動能力60%，而受有減少勞動能力、增加生活上支出及裝置義肢、精神慰撫金之損害。

（二）本件重要之法律上爭點

本件應適用侵權行為地法即我國民法及相關實體法，而就損

害賠償之法定要件、範圍及計算依據等，是否均應一體適用我國
之法律規定？

（三）兩造爭執要旨及攻擊防禦方法

被上訴人（即第一審越南籍原告）主張：因被上訴人係越南
國人，其本於侵權行為之法律關係，請求上訴人賠償損害，依涉
外民事法律適用法第9條第1項規定，即應適用侵權行為地法即
我國民法及相關實體法，而就損害賠償之法定要件、範圍及計算
依據等，均一體適用我國之法律規定，不宜割裂適用。亦即應以
我國勞動法規規定之最低基本工資為計算被上訴人減少勞動能力
損失之基礎。

上訴人（即第一審我國被告統○公司）則主張：伊提供系爭
機器之法定必要安全設備僅為安全門，並無缺失。且伊曾對被上
訴人實施安全衛生教育，被上訴人操作不當致生系爭事故，伊即
無侵權行為或債務不履行之損害賠償責任。縱認伊應負賠償責
任，然被上訴人係越南國人，其請求減少勞動能力之損害，除得
在台灣工作期間之損害外，應以其在該國薪資可能獲取之年所
得為計算基礎，始屬公允。其請求之精神慰撫金亦嫌過高。又被
上訴人對於系爭損害之發生與有過失，應按其所負之百分之七十
責任，據以減輕伊之賠償金額並扣除其向勞工保險局（下稱勞保
局）所領取之職業災害補償殘廢金（下稱補償金）等語，資為抗
辯。

（四）歷審裁判及理由要領

本件第一審高雄地方法院及第二審台灣高等法院高雄分院均認為[12]，涉外案件關於由侵權行為而生之債權，依侵權行為地法，為涉外民事法律適用法第9條第1項前段所明定。是以原告本於侵權行為損害賠償法律關係，請求乙〇〇（統〇公司負責人）與統〇公司負連帶損害賠償責任，其準據法既應適用我國實體法，則有關損害賠償法定要件、賠償範圍或計算賠償依據等，自均應適用我國法律，不得再予割裂適用。原告主張關於其減少勞動能力計算之基礎，我國勞動法規規定之最低基本工資計算，自屬符合「其能力在通常情形下可能取得之收入為標準」，應可採取。至被告統〇公司抗辯稱被上訴人於返回越南期間，其請求減少勞動能力賠償時，有關薪資部分，應以其在越南可能獲取之年所得1萬7,545元為計算依據，即無足採。

然而，最高法院對此一問題卻有不同見解，其認為：「民事事件之主法律關係，常由數個不同之次法律關係組合而成，其中涉外民事法律關係本具有複雜多元之聯繫因素，倘該涉外民事事件係由數個不同之次法律關係組成其主法律關係，若僅適用其中單一之衝突法則以決定準據法，即欠缺具體妥當性。」因此，「在此情形下，自宜就主法律關係可能分割之數個次法律關係，分別適用不同之衝突法則以決定其準據法，始能獲致具體個案裁判之妥當性。本件被上訴人係越南國人，其因系爭事故受

---

[12] 台灣高雄地方法院94年勞訴字第71號判決、台灣高等法院高雄分院96年勞上字第3號判決。

傷，得請求上訴人賠償減少勞動能力損害部分，並非侵權行為（主要法律關係）不可分割之必然構成部分，當無一體適用單一之衝突法則決定其準據法之必要。是以關於上訴人應否負侵權行為損害賠償責任之法律關係部分，固應依涉外民事法律適用法第9條第1項規定以侵權行為地法即我國法為其準據法，然屬於損害賠償責任確定後，需定其賠償範圍之減少勞動能力損害部分，既非侵權行為不可分割之必然構成部分，則此部分之計算準據如被上訴人之本國（越南國）法律規定與我國法律所規定者未盡相同，而其得請求之年限實際上又分段跨越於兩國之間，即應視其可得請求之期間究在我國內或國外（本國）之情形而分別適用我國法或其本國法為計算損害賠償範圍之準據法，不宜一體適用我國之法律，始符公平、適當原則。」從而認為上訴人據此辯稱被上訴人為越南國人，依就業服務法第52條第2項、第4項規定，縱其日後再來台工作，亦不得超過3年期間，被上訴人其餘可再勞動之期間，客觀上即無適用我國勞動基準法有關最低基本工資之規定，為其在通常情形下可能取得收入之標準，而得憑為計算勞動能力減損之依據，故上開35年期間，應以被上訴人之能力於越南國（本國）內可能取得之收入為準等情，即非全然無據。故將原判決關於駁回上訴人就命其給付減少勞動能力損害新台幣162萬7,619元本息之上訴及該訴訟費用部分廢棄，發回台灣高等法院高雄分院。

參、分割爭點方法在涉外民事案件中的運用

分割爭點方法之適用，有其一定之背景，在英美法院，分割爭點方法的運用已有悠久的歷史。以下即就分割爭點方法之理由及其所具備之功能，分別論述之。

一、分割爭點方法的理由

運用分割爭點方法的主要理由，在於法院希望避免機械性的適用選法規則，造成實質上不公平的結果，透過分割爭點方法可較為有效地達成個案正義。一般說來，運用分割爭點方法意味著使法院就個案有檢驗爭點之責任，依數個相同或不同的法律系統規定，決定相關法律政策與利益於系爭案件中之適用。並且，這種方法也有助於法院更能集中審查個案中法律利益與政策的適用問題[13]。

在傳統的大陸法系國家中，就準據法適用的妥當性問題，往往涉及到的是如何定性或實行調整（adaptation，或稱「適應」）方法的問題[14]。但對於適用分割爭點方法所可能引起的

---

[13] Courland H. Peterson, "Private International Law at the End of the Twentieth Century: Progress or Regress?", 46 Am. J.Comp. L. 197, at 224, 1998.

[14] 適應／調整問題主要著眼於以法院地實體法的標準，在適用衝突法則後，選出案件的準據法是否得以達成實體正義的實現，其方法不一，學說間亦無具體之建議方法。關於適應問題，中文資料部分可參考陳榮傳，國際私法上的適應或調整問題，法學叢刊，第145期，1992年1月，頁111。

「分割問題」，大陸法系國家卻經常採取敵對的態度[15]。另一方面，關於奉行準據法應一體適用不可分割的原則，美國法院則顯然要比大陸法系法院來得寬鬆的多：當然，這多半是拜美國選法理論革命之賜，使得美國法院往往願意更進一步地去探究在個案中適用準據法的結果，能不能維護當事人間的公平正義等問題[16]。

　　例如在*Sabell v. Pacific Intermountain Express Co.*案中[17]，原告為Colorado州的住民，對另一個同為Colorado州的公司，就兩造在Iowa州發生的車輛事故在Colorado法院起訴。Colorado法院審理結果認為，有關本案判斷兩造的駕駛車輛行為是否構成過失一節，應適用侵權行為地法，即Iowa州的法律；但就過失行為的發生及促成部分，究竟應適用Iowa之法律（亦即認為如原告於本案有過失時，將絕對駁回其求償之請求），或是適用

---

[15] 事實上，即便在美國法院，受到Holmes大法官1904年於*Slater v. Mexican National Railroad Co.*案中的名句：「（準據）法律不但決定責任的存在，也決定責任的範圍（But as the only source of this obligation is the law of the place of the act, it follows that [that] law determines not only the existence of the obligation, but equally determines its extent...，轉引自Courland H. Peterson, *supra* note 13, n. 11.粗體字部分為本文作者自加）」的影響，對於分割法律適用的現象，美國法院亦非毫無限制地允許，而是有條件地准許。

[16] 美國亦有學者引用Richard Posner大法官的經濟分析方法，認為整體地適用準據法（bundling），因對於當事人而言較易預測，符合立法者對於法律系統的期待，並較能準確地反映與鼓勵利益團體推動之立法工作，是一種較有效率的法律適用方式，因而不贊成分割法律適用。Erin A. O'Hara and Larry E. Ribstein, "From Politics to Efficiency in Choice of Law", 67 U. Chi. L. Rev. 1151, at 1192, 2000.

[17] 536 P.2d 1160 (Colo. Ct. App. 1975).

Colorado州的法律（即與有過失，減少賠償價金請求），法院在法律的適用上卻選擇了後者。Colorado州法院適用法律的理由為：就車輛碰撞的行為，駕駛者使用道路應遵守哪種最基本可被接受的規範，於此一問題上Iowa州法律的適用具優先利益（overriding interest），而就特定州當事人間之求償關係，該當事人之州法律（即Colorado州法）的適用有最大的影響力（the greatest effect）。如此，在損害賠償的成立以及決定賠償範圍的法律適用上，便產生了「分割問題」[18]。一般認為，Colorado州法院的這項判決即是突破傳統選法理論，運用爭點分割方法的一項著例[19]。

分割爭點方法在美國法院之所以受到青睞，主要是基於如果法院可以熟練地彈性運用分割爭點方法，將有助於彌補傳統理論硬性法則之不足。事實上，現代國際私法學者很早就意識到，如果僅依照預設的連繫因素選法規則，往往很難正確地反映一些複雜的涉外關係事實。這些事實中常常可能只有特定的幾項爭點與準據法間有較為緊密的連繫性，如果不適用分割爭點的方法，將難以達成個案正義的妥當性。因此，基於維護個案正義的同一理由，有些美國法律學者即認為這種分割爭點的方法可說是美國選法理論革命創造之方法論的一項整體特徵（integral feature）[20]。

在大陸法系國家方面，最新的發展則是不再將「分割爭點方

---

[18] 有關本案的評述可參考Eric J. Mceown, "Simon Says: Time for a New approach to Choice-of-Law Questions in Idiana", 82 Ind. L.J. 523, 2007.

[19] *Id.*, at 530.

[20] *Supra* note 4, at 1782.

法」以及「分割問題」視為全然的禁忌，特別在涉外財產案件
中尤其如此[21]。吾人可從歐盟的統一國際私法運動中得出這項結
論：事實上，以宣告尊重當事人意思自主的羅馬一號關於契約之
債準據法規則，其第3條第1項即明白規定契約當事人得就準據
法選擇為一部或全部之適用，肯定了分割爭點方法在契約之債
中的操作可能。而即令是與各國公益息息相關的羅馬二號非契
約之債準據法規則，雖然規則第15條將準據法適用的範圍作了
極大的規定，包括：「(a)侵權責任之成立要件以及侵權行為人
之確定；(b)例外不成立侵權責任之基礎，所有侵權責任之限制
與侵權責任之分割；(c)損害或賠償請求的存在、性質與數額估
算；(d)法院依其程序法可為之避免或終止傷害或損害的措施，
以及賠償範圍之限制；(e)侵權行為請求權之移轉，包括繼承在
內；(f)損害賠償請求權人之界定；(g)第三人行為損害賠償責任
之要件；(h)時效，包括其起算、中斷、限制以及暫停等[22]。」然

---

[21] 例如在夫妻財產制的案件中，雖然原則上禁止分割適用法律，但如果當案件
涉及不動產的爭議事項時，則例外地就該事項適用不動產所在地法，因此亦
有分割適用法律的可能。1992年9月1日生效的海牙夫妻財產制準據法公約第
3條第3項即採此一適用方式。參考Stéphane David, "La détermination du régime
matrimonial en droit international privé", A.J. Famille, éd. D. 2005, p. 127 suiv.;
Guillaume Kessler, "La reconnaissance en France des Partenariats enregistrés à
l'étranger", A.J. Famille, éd. D. 2004, p. 272.

[22] Regulation (EC) No. 864/2007, Art. 15:
"The law applicable to noncontractual obligations under this Regulation shall govern
in particular:
(a) the basis and extent of liability, including the determination of persons who may
be held liable for acts performed by them;
(b) the grounds for exemption from liability, any limitation of liability and any

而有學者亦主張羅馬二號規則事實上並未明文排除分割適用法律方法，此部分應交給歐洲法院全權解釋[23]。Symeonides教授更進一步指出，羅馬二號規則在侵權行為準據法規定上使用「債」（obligation）一詞，在用語上是一項很明智的選擇，因為這在解釋上提供了法院運用分割爭點方法的可能性。在其看來，羅馬二號規則第8(2)條、第14條、第16條至第20條等都是提供法院運用這種方法的法源依據[24]。

---

division of liability;

(c) the existence, the nature and the assessment of damage or the remedy claimed;

(d) within the limits of powers conferred on the court by its procedural law, the measures which a court may take to prevent or terminate injury or damage or to ensure the provision of compensation;

(e) the question whether a right to claim damages or a remedy may be transferred, including by inheritance;

(f) persons entitled to compensation for damage sustained personally;

(g) liability for the acts of another person;

(h) the manner in which an obligation may be extinguished and rules of prescription and limitation, including rules relating to the commencement, interruption and suspension of a period of prescription or limitation."

[23] Olivera Boskovic, "L'autonomie de la volonté dans le règlement Rome II (1)", *Recueil Dalloz*, 2009, p. 1639.

[24] *Supra* note 6, at 185. 惟此或為Symeonides教授一家之見，其他如Kozyris教授，即露骨地表示：「I am particularly unhappy with the idea that the judge should be encouraged to concoct and apply a crazy-quilt set of provisions on an ad hoc basis...」極力反對法院適用這種分割爭點方法。見Pheadon John Kozyris, "Rome II: Tort Conflicts on the Right Track! A Postscript to Symeon Symeonides' '*Missed Opportunity*'", 56 Am. J. Comp. L. 471, at 477, 2008.

二、分割爭點方法的問題

　　然而，分割爭點方法並非為各國法律系統毫無保留地接受。至少，在大陸法系國家中，大多數學者的看法仍認為這種方式所帶來的負面影響要較傳統選法法則來得更多。鑑於我國民法制度接近於大陸法系，故而以下本文即就分割爭點方法於我國現行法律制度中所可能造成之問題，包括由誰來進行分割爭點之判斷？分割爭點之標準為何？現行民事訴訟法上爭點整理協議的介入是否能有助於分割爭點方法的實現？以及分割爭點後的法律效果為何？分別論述之。

（一）分割爭點的判斷

　　首先應該思考者，如果採用分割爭點方法決定適用的法律，應由誰來分割案件的爭點？是法院？抑或是當事人？

　　從「分割問題」成立的時間點來說，對於爭點的分割大約可分為「訴訟前的分割」以及「訴訟後的分割」兩種方式[25]。在「訴訟前的分割」部分，可說明的例子是羅馬一號規則第3條第1項允許契約當事人就契約之一部選擇適用之法律。而在「訴訟後的分割」部分，從各國實踐的經驗觀察，除了依據原告起訴時所主張（claim）之訴訟資料內容判斷之外，在訴訟進行的程序

---

[25] 此處為筆者自行之觀察與分類，主要是為了方便解釋**分割問題**與**分割爭點方法**的微小區別。雖然都涉及到爭點分割之問題，然在其意義上卻是各有所指。事實上，筆者認為，討論分割爭點之主體，應僅在爭點「訴訟後的分割」下，始有意義。

中，主要似仍由法院決定如何就系爭涉外案件之爭點為判斷與分割。

然而，在我國現行民事訴訟法之架構下，此一問題似非可等同視之。

依照我國民事訴訟法第270條之1規定：「受命法官為闡明訴訟關係，得為下列各款事項，並得不用公開法庭之形式行之：一、命當事人就準備書狀記載之事項為說明。二、命當事人就事實或文書、物件為陳述。三、整理並協議簡化爭點。四、其他必要事項。受命法官於行前項程序認為適當時，得暫行退席或命當事人暫行退庭，或指定七日以下之期間命當事人就雙方主張之爭點，或其他有利於訴訟終結之事項，為簡化之協議，並共同向法院陳明。但指定期間命當事人為協議者，以二次為限。當事人就其主張之爭點，經依第一項第三款或前項為協議者，應受其拘束。但經兩造同意變更，或因不可歸責於當事人之事由或依其他情形協議顯失公平者，不在此限。」所謂「協議簡化爭點」，根據辦理民事訴訟事件應行注意事項第45點第2項規定：「進行整理並協議簡化爭點程序，應對當事人所提出之各種事實上爭點、法律上爭點、訴訟有關之證據上爭點及其他攻擊防禦方法之爭點為之。訴訟程序上之爭點，以法律允許當事人處分者為限，非屬當事人得處分者，即非此所指之爭點。」依上開規定，似可認為我國民事訴訟法中所規定之「爭點」，特別是在於法律上爭點部分，在解釋上與「分割爭點方法」中之「爭點」意

義相當[26]。從而，對於究竟應由法院分割爭點，或是交由當事人分割爭點之問題，在我國之解釋，似亦宜與我國民事訴訟法上關於爭點整理之規定與解釋相配合，始稱允當。

依上開規定之解釋，如果我國法院採取爭點分割方法適用法律時，關於由何者分割爭點，則宜認為不但法院得依其職權就案件爭點為分割，且訴訟當事人基於保障其程序上之權利，亦在一定之條件下得向法院主張其分割爭點之意見：包括當事人是否接受適用分割爭點方法，以及適用分割爭點方法後，如產生「分割問題」時，當事人接受或拒絕接受之理由等[27]。

（二）分割爭點的標準

其次的問題是，法院或當事人應當依照什麼標準進行分割爭點？是否所有的案件都可以作爭點之分割？

就此一問題，在各國司法實踐上的經驗是：只要運用分割爭點方法造成的「分割問題」不影響，或不與法庭地的法律適用利益相衝突，那麼在大多數的案件中，尤其是與重大公益政策連繫較為薄弱的涉外財產爭議的案件中，法院均可以依照他們對於

---

[26] 雖然，關於上述法律上爭點、證據上爭點與事實上爭點之區別，在實務運作上有時不甚明確，但其仍不失為一種區分爭點種類的方式。誠如賴淳良法官所述：「這三種類型的爭點並不是楚河漢界，無法跨越的，他們經常地混雜在一起，甚至如果把法律上的主張作為論證權利的依據，那麼事實上的爭點與法律上的爭點其實是息息相關的。因此這裡將爭點整理成三種類型，只是幫助我們去了解目前在民事訴訟審理可能發生的爭點類型。」參考賴淳良，訴訟上爭點整理與涉外財產案件之審理，法官協會雜誌，第9卷第1期，2007年6月，頁130以下（特別在頁133）。

[27] 參考邱聯恭，爭點整理方法論，台大法學叢書（130），2001年，頁47以下。

個案的分析，任意地分割案件的爭點。即使因此產生「分割問題」，亦可被接受。

　　然而，運用分割爭點方法仍必須要注意到，如果適用這種分割爭點方法，產生「分割問題」時，其結果不得對該不同國家之立法政策產生不利之影響，或至少應該盡量避免發生這種立法政策衝突的可能性[28]。換言之，通常在公益性的案件，或是涉及強行法規的案件中，我們可以發現各國法院在司法實務上均認為應該避免適用這種分割爭點的方法。例如在 *Simon v. United States* 一案中[29]，本案事實源於一個在Kentucky州墜毀失事的小型私人飛機事件，空難中有兩名Pennsylvania州籍乘客、一名Geogia州籍乘客以及一名居住在New Jersey州，在Pennsylvania州工作的飛行員死亡。飛機由Pennsylvania州出發，夜間停留在Ohio州，最後因為天候關係在Kentucky州墜毀，但途中均未經過Indiana州。代表Pennsylvania州乘客及飛行員起訴之原告主張，飛行員失事的原因，主要是因為其根據美國聯邦民航總署（Federal Aviation Administration, FAA）在華盛頓特區（D.C.）出版的錯誤航圖資訊，而Indiana州的航空管制人員亦未提供正確指引與回應飛行員所致。

　　本案經第三巡迴法院移轉至Indiana州最高法院。原告等主張本案應適用Pennsylvania州法，被告等則主張本案應適用Indiana州法。依照Pennsylvania州的法律，原告得請求死者死前

---

[28] *Supra* note 6, at 1067.

[29] 805 N.E. 2d 798 (Ind. 2004).

的知覺與痛苦（pre-death pain and suffering）及總體收入（gross earnings）的賠償；而Indiana州的法律則規定對於因死亡而解消婚姻之成人不得請求其原配偶之經濟上損失，且本案如果適用Indiana州法律，原告等亦將無法請求死者死前的知覺與痛苦的賠償。Indiana州最高法院認為本案為一真衝突（true conflict）之案件[30]，而華盛頓特區法律（選法規則）與Indiana州法律（選法規則）不同，前者並無適用分割適用法律方法，亦不混合適用利益分析或美國國際私法第二新編之規則。

Indiana州最高法院進一步推論，本案侵權行為損害發生地的Kentucky州與本案僅有些許關聯性（little connection to the legal action），因此不宜適用傳統的侵權行為依照行為地法之法則（lex loci delicti）。而依照1987年*Hubbard*案所建立的法則（最重要牽連原則）[31]，法院就本案應適用Indiana州法。

那麼是否有可能將本案以分割爭點適用法律？Indiana州最高法院認為，如果將本案以分割爭點適用法律的話，其結果將妨礙一州或數州政策的實行，亦將缺乏對各州政策之進一步考慮（may hinder the policy of one or more states without furthering the considered policy of any state）[32]，並且有可能在同一事件下之不同的訴訟當事人間產生不公平之結果。基於以上的考慮，本

---

[30] 關於真衝突一詞之定義，可參考許兆慶，二十世紀美國國際私法選法理論之回顧與展望，收錄於陳隆修、許兆慶、林恩瑋著，國際私法：選法理論之回顧與展望，2007年，頁52以下。

[31] 515 N.E. 2d 1071 (Ind. 1987)，轉引自Eric J. Mceown, *supra* note 18, n118.

[32] *Supra* note 18, at 541.

案應無分割適用法律之餘地，實質法（substantive law）應一體適用Indiana州法律，故判決原告敗訴[33]。

上開*Simon*案所考慮之標準，或許也可提供為我國運用分割爭點方法時，其得否為分割法律適用之具體標準參考。

（三）分割爭點之效果

最後需探究者，為分割爭點拘束力問題：如果法院或是當事人為爭點之分割，究竟此一分割爭點之效果如何？當事人是否均受法院分割爭點方法所得之法律適用結果之拘束？

此一問題可分為兩部分討論。首先，當分割爭點為「訴訟前的分割」時，則在當事人間有明示合意分割適用法律的情況下，因該合意所造成之分割問題乃為當事人所得預見，此等合意既為契約約定之一部，則當事人自應受其拘束；其次，當分割爭點為「訴訟後的分割」時，如欲將分割爭點之效果拘束訴訟當事人，則必須注意分割爭點方法的提出與運用，應在充分保障當事人之訴訟實施權前提下進行，並應盡量避免因分割問題所可能造成當事人裁判突襲情形的發生。

筆者一向主張涉外民事案件中，法院應考慮開放選法程序與增加當事人對法律選擇過程的參與機會：如果我們可以透過選法程序的開放，使得當事人能夠因此經過公正、迅速與有效的程序

---

[33] 有關本案之分析，可參考Rodney Patton, "Sisyphus, the Boulder, and the Choice-of-Law Hill: The Analytical Framework For Resolving the Unusual and Complex Choice-of-Law Issues that Can Arise When the United States is A Party in An Aviation Case", 71 J. Air L. & Com. 471, at 486, 2006.

「甘服判決」，那麼這種做法就能夠保證案件所牽涉之各國法律秩序間具備相當程度的穩定性，並且對於法院判決的執行面上亦將有相當之助益[34]。易言之，決定案件準據法的方式，如果能作到法官、原告與被告三面關係間的平衡，改變過去一向將選法理論視為「法官法」（Richterrecht）的看法，不但有助於降低法官故步自封的危險性，並有助於確保涉外訴訟案件的公平性，以解決涉外法律衝突之紛爭[35]。

　　筆者始終相信，法院於涉外民事法律案件中的任務，在於提供一個最能使當事人甘服法院判決的解決方案。此一方案的提出，不但在主觀上法院必須尊重當事人選法的意願，適度將法官享有之選法權力分享與各該當事人，促成其信賴最終判決的結果，客觀上法院必須確保選法的結果合乎實體法上的主要價值（the prevailing value），將實體正義（material justice）融入衝突正義（conflicts justice）之內涵[36]。依照這樣的理念，如果當事人能夠協力參與爭點分割，或至少其已經提出對於系爭案件法律關係如何分割爭點之看法時，分割爭點的效果即應拘束訴訟的當事人。惟需說明者，乃當事人此處之受拘束，應係指其對於法

---

[34] 誠如學者指出：「歷來實務驗證所顯示，訴訟當事人對於其親自參與之裁判過程越能信服、滿足，則其自動自發順從裁判內容所示紛爭解決方案之機率亦恒屬越高，此乃當事人愈能接納裁判結果之表徵。」邱聯恭，程序制度機能論，台大法學叢書（52），1998年，頁205以下。

[35] 有關選法程序的開放性見解，請參考林恩瑋，開放方式的選法理論，收錄於陳隆修、許兆慶、林恩瑋、李瑞生著，國際私法：管轄與選法理論之交錯，2009年3月，頁50以下。

[36] 此亦為現今國際私法學發展之新趨勢。陳榮傳，國際私法立法的新思維──衝突規則的實體正義，月旦法學雜誌，第89期，2002年10月，頁60。

律關係爭點如何分割之主張而言，至於分割之爭點應如何適用法律，解釋上似應認為係屬法官之職權，不在拘束之列[37]。

肆、判決評析

一、判決意旨回顧

在最高法院96年台上字第1804號判決中，針對本案原告，即侵權行為受害人香港女子之父母所提出的一系列求償主張，法院指出：「按某一民商法律關係（下稱主法律關係）往往由數個不同之次法律關係組合而成，因涉外民商法之關係極為複雜多樣而具有多元之聯繫因素，倘由數個不同之次法律關係所組合成之主法律關係，僅適用單一之衝突法則決定其準據法，恐有違具體妥當性之要求，故不妨分割該主要法律關係為數個平行之次法律關係，以適用不同之衝突法則來決定準據法，用以追求個案具體之妥當性。」是以，「關於被上訴人應否負侵權行為損害賠償責任部分，應依涉外民事法律適用法第9條第1項規定以侵權行為地法（即我國法）為其準據法；關於損害賠償事項，即被害人譚嘉茵是否對上訴人負有扶養義務部分，既非侵權行為不可分割之

---

[37] 然而，即使是認為當事人應受分割爭點效力的拘束，在我國民事訴訟法的體系下，這樣的拘束力還是很薄弱的。我國民事訴訟法對於爭點整理的結果對訴訟當事人拘束力，並非採取全然強制的、失權效果的規範，在民事訴訟法第268之2條第2項，也僅規定當事人未依審判長之命提出爭點整理摘要書狀時，法院「得」準用第276條之規定，使當事人不得於言詞辯論程序中主張該未被提出之事項而已。

必然構成部分，且對於扶養義務之歸屬，各國法律有迥然不同之
規定，故就此部分應依涉外民事法律適用法第21條規定，以扶
養義務人之本國法（即香港法）為其準據法。」

　　同樣地，在其後的最高法院97年台上字第1838號判決中，
法院再次重申：「民事事件之主法律關係，常由數個不同之次法
律關係組合而成，其中涉外民事法律關係本具有複雜多元之聯繫
因素，倘該涉外民事事件係由數個不同之次法律關係組成其主法
律關係，若僅適用其中單一之衝突法則以決定準據法，即欠缺
具體妥當性。」故「自宜就主法律關係可能分割之數個次法律關
係，分別適用不同之衝突法則以決定其準據法，始能獲致具體個
案裁判之妥當性。」因此，「關於上訴人（即第一審被告侵權行
為人）應否負侵權行為損害賠償責任之法律關係部分，固應依
涉外民事法律適用法第9條第1項規定以侵權行為地法即我國法
為其準據法，然屬於損害賠償責任確定後，需定其賠償範圍之
減少勞動能力損害部分，既非侵權行為不可分割之必然構成部
分，則此部分之計算準據如被上訴人之本國（越南國）法律規定
與我國法律所規定者未盡相同，而其得請求之年限實際上又分段
跨越於兩國之間，即應視其可得請求之期間究在我國內或國外
（本國）之情形而分別適用我國法或其本國法為計算損害賠償
範圍之準據法，不宜一體適用我國之法律，始符公平、適當原
則。」

　　整理上開二則判決意旨，筆者認為，我國最高法院至少已就
下列數項原則，清楚地表達其立場：

（一）承認涉外民事法律關係所可能具有之複雜性：就複雜之涉

外民事法律關係，得區分為主法律關係與次法律關係。

（二）強調準據法一併適用的困難：此種適用單一準據法的方式，將可能造成案件具體妥當性的欠缺。

（三）提出分割適用不同法律的可能：在96年台上字第1804號判決中，就損害賠償責任之成立，適用中華民國法，而就扶養費用賠償請求部分，則適用香港法律。但在97年台上字第1838號判決中，就計算勞動力損害之準據部分，則是先依我國就業服務法規定說明被害人在台灣得工作之年限，以之計算其在通常情形下可能取得收入之標準，其次再以被害人之能力於越南國（本國）內可能取得之收入為準，計算其所得請求勞動力減損之賠償範圍[38]。

二、評析

筆者首先對最高法院作成此二則先驅性判決的氣魄，表達個人最高的敬意。在一向習於大陸法系的台灣司法系統中，我國最高法院法官們能有這種勇氣突破立法現狀，並積極地引進新法律工具與觀念解決涉外民事案件問題，明白昭示「侵權行為法之理想，在給予被害人迅速及合理之賠償，務使其能獲得通常在其住所地可得到之保障及賠償」此一實體法上咸認之主要價值

---

[38] 事實上筆者認為，最高法院在本號判決中雖運用爭點分割方法，但最後的結果並未造成「分割問題」。比較可惜的是，本號判決在分割問題上的處理與文字敘述上較為隱晦，相對地，96年台上字第1804號判決則要清楚許多。

（prevailing value），在台灣國際私法史上，實屬空前創舉[39]。

然而筆者亦認為，此二則先驅性判決仍存有一些問題，值得吾人為進一步研究與討論。甚至，若干部分的分析與採取的標準，應當將之更細緻化，以增加其可操作性。是以，筆者嘗試提出以下兩個問題：

首先，最高法院此二則先驅性判決是否均為「分割爭點方法」之運用？是否均有「分割問題」存在？

其次，最高法院在此二則判決中，究竟創造出哪些值得注意的原則？這些原則與國際私法理論間之關係究竟如何？

就第一個問題，筆者以為最高法院此二則先驅性判決不完全是「分割爭點方法」之運用，並且，在前後判決中，亦非均有「分割問題」存在——儘管此二則判決從外觀上似乎都承認涉外民事法律關係所可能具有之複雜性，並且強調了準據法一併適用的困難。

在96年台上字第1804號判決中，最高法院所採取分割「損害賠償責任成立」與「損害賠償項目範圍」的方法，應可認為係接近「分割爭點方法」的運用，並且，其運用此一方法之最終結果也造成了「分割問題」。比較值得玩味的，是最高法院指出分割適用的法律並非「實質法」，而是分割適用不同的「衝突法則」（法文règle de conflit；英文Rule of Conflict of Laws）。判

---

[39] 筆者甚至期待此二號先驅性判決，如同 *Babcock v. Jackson* 案所曾經帶給美國國際私法學界的影響般，能夠對我國國際私法學界起一個魔術般的作用。有關「主要價值」的意義即相關討論，可參考陳隆修，美國國際私法新理論，1987年，頁103以下。

決謂「僅適用單一之衝突法則決定其準據法，恐有違具體妥當性之要求」然而，這可能會引起一些用語上的爭議，容易令人誤解為法官得適用「他國之衝突法則」（或至少不禁止適用他國之衝突法則），如此將可能造成混淆。或許最高法院的真義是指「就數項不同之爭點（或「數個不同之法律關係」）僅適用相同之衝突法則，恐有違具體妥當性之要求」。因此，法院雖然認為損害賠償事項「既非侵權行為不可分割之必然構成部分，且對於扶養義務之歸屬，各國法律有迥然不同之規定」，將此一爭點獨立分割於損害賠償責任成立爭點之外，但對於該損害賠償事項卻仍「依涉外民事法律適用法第21條規定，以扶養義務人之本國法（即香港法）為其準據法」，復依香港法作出「子女對於父母並無扶養義務，上訴人受香港政府扶養之權利，不因其女譚○茵死亡而喪失。故上訴人縱未受扶養費之賠償亦難謂其未受合理之賠償。況如依我國法判決給予扶養費之賠償，則上訴人就扶養費部分將受有雙重利益，已逾損害賠償之目的」等之結論。但問題是，涉外民事法律適用法第21條並非是針對侵權行為損害賠償項目所為之準據法規範，如何從「扶養義務之歸屬」論證「扶養費用不得列為侵權行為損害賠償項目」？筆者以為，中間的推論，似有跳躍之嫌。

在97年台上字第1838號判決中，雖然最高法院仍重申「倘該涉外民事事件係由數個不同之次法律關係組成其主法律關係，若僅適用其中單一之衝突法則以決定準據法，即欠缺具體妥當性」之立場，並主張「就主法律關係可能分割之數個次法律關係，分別適用不同之衝突法則以決定其準據法，始能獲致具體個

案裁判之妥當性」，進而分割「賠償責任成立」與「賠償項目範圍」兩項爭點，但最後的結論卻是將此兩項爭點一併適用中華民國法律為其準據法（即先依我國就業服務法規定說明被害人在台灣得工作之年限，以之計算其在通常情形下可能取得收入之標準，其次再以被害人之能力於越南國內可能取得之收入為準，計算其所得請求勞動力減損之賠償範圍），其中不但無「分別適用不同之衝突法則」，最終實質法適用的結果亦未構成「分割問題」。因此，亦與國際私法理論上與各國司法實踐上的「爭點分割方法」或「分割問題」相併發生之現象有別。

　　再就第二個問題而論，筆者以為最高法院於此二則判決中，有以下幾項創建的原則，值得注意其後續的操作與發展：

（一）關於「主法律關係」及「次法律關係」意義之建立與確認：將複雜的涉外民事法律關係區分為「主法律關係」與「次法律關係」，首見於最高法院96年台上字第1804號判決。依該判決之定義，「主法律關係」係由「數個不同之次法律關係」所組合而成，該數個次法律關係間彼此互相平行，故得以各自適用不同之衝突法則來決定準據法。此一分類方式並由最高法院稍後作成之97年台上字第1838號判決中重申肯定。然而，所謂「主法律關係」與「次法律關係」在用語上似乎易使人誤以為二者存在著「主從關係」[40]；又何以二者得適用「非單一之衝突法

---

[40] 另一方面，此種分類方式亦與國際私法上的附隨問題（question préalable）有別，並容易造成概念上的混淆。以本文所列舉之最高法院97年台上字第1838號判決為例，該案顯示涉外民事案件中損害賠償成立與損害賠償範圍（項目）等

則」[41]，觀念上不易說明清楚。一般而言，法院如果可選擇適用不同之衝突法則，在大陸法系國家法院的傳統習慣上是依靠反致（renvoi）的技巧來達成。最高法院這項分割適用不同衝突法則的方式，在未來我國法院實務上操作是否有可能會引起混淆或困難？值得觀察。

（二）關於次法律關係，必須具「可分割性」：最高法院於二則判決中雖未就次法律關係明文指出需具有「可分割性」，但從判決中說明「關於損害賠償事項，即被害人譚〇茵是否對上訴人負有扶養義務部分，既非侵權行為不可分割之必然構成部分……」「……損害賠償責任確定後，需定其賠償範圍之減少勞動能力損害部分，既非侵權行為不可分割之必然構成部分」等反推可知，最高法院對於次法律關係的「可分割性」之要求，應該是存在的。如此，分割爭點的前提即可謂與各國觀點相一致，亦即並非所有涉外民事法律關係均得為爭點分割，各項爭點的分割前提，仍必須要考慮其分割將不影響或不與法庭地的法律適用利益相衝突，並且，分割爭點的結果不得對該不同國家之立法政

問題，二者間未必互為條件，因為損害賠償責任的成立是確定的，問題在於損害賠償的範圍，也就是勞動力的計算基礎，應該適用何準據法？故而分割問題之處理方式，似應與附隨問題之處理方式相與區別。

[41] 即便是採取分割爭點方法適用法律，所依循的衝突法則（或選法方法）應該仍為同一，僅是各爭點所適用的實質法可能發生爭議而已。最高法院於此可謂係「獨創」了另一種爭點分割適用法律的方式，然而事實上，從此二則先驅性判決觀之，最高法院其實均未依其解釋，將各爭點適用不同之衝突法則。未來我國法院會如何操作這項選法方式，是否會出現適用不同衝突法則之情形，仍值觀察。

策產生不利之影響，或至少應該盡量避免發生這種立法政策衝突的可能性[42]。

（三）關於爭點之分割，必須符合具體個案裁判之妥當性：在前後二則判決中，最高法院支持分割法律關係的主要理由，均是出於維護具體個案裁判的妥當性。然而一如以往地，最高法院簡練的判決內容中並未就此提出任何明確的判斷標準。筆者以為，或許最高法院真正的理由應該是「損害賠償之債，應以填補損失為原則」的鐵律，即如96年台上字第1804號判決中所示：「……況如依我國法判決給予扶養費之賠償，則上訴人就扶養費部分將受有雙重利益，已逾損害賠償之目的」云云。而最高法院在二則判決中所提及之個案具體的妥當性，其背後意義當是希望能夠落實損失填補原則，避免輕重失衡，破壞我國民事法律損害賠償之債體系中所肯認的基本政策。

（四）關於爭點之分割，必須經當事人主張或爭執，非法院得任意為之：本於訴訟當事人程序權益的保障觀點，對於爭點之分割，如未經訴訟當事人主張或爭執，解釋上法院似不宜任意為之，以避免對訴訟當事人造成裁判上的突襲。雖然在二則判決中，最高法院均未明白昭示此一原則，但觀諸此二則判決之各審級裁判內容，不難發現事實上訴訟

---

[42] 筆者進一步認為，最高法院所稱「既非（某法律關係）不可分割之必然構成部分」等用語，事實上僅提出了一項籠統的原則。究竟有哪些法律關係非「必然構成部分」，在未來實務上可能會引發爭議，就此一部分，似乎有更細緻化其分割標準之必要。

當事人均曾經就被分割之部分有所爭執，並各自主張應適用不同法律之規定。是以此項原則之建立，從實踐上而論，幾可確定。

（五）主要價值的提出：在96年台上字第1804號判決中，最高法院並史無前例地在涉外民事案件中昭示「侵權行為法之理想，在給予被害人迅速及合理之賠償，務使其能獲得通常在其住所地可得到之保障及賠償」此一實體法上之主要價值，可謂為我國國際私法選法方法論上的新里程碑。雖然，欲以本號判決宣稱我國法院已經開始採行「實體法方法論」[43]，似仍嫌言之過早，但無可否認的是，最高法院已經清楚地意識到對於主流價值的肯定，將成為未來我國法院在處理相類似涉外民事案件中引為判決基礎的選項之一，於台灣國際私法史上之意義，不可謂不大。

伍、結　論

綜合以上分析，本文簡短地為以下數點結論：

一、「分割爭點方法」之所以為特定國家法院所接受，其原因主要是法官考慮到涉外案件法律關係本身所具備之複雜性，無法以一個單一的準據法適用加以概括，故希望能夠藉由分割

---

[43] 參考陳隆修，以實體法方法論為選法規則之基礎，收錄於國際私法：選法理論之回顧與展望，前揭註30，頁103。

不同的爭點方式，逐一地將不同的，且可分割的涉外法律關係爭點分別適用不同之法律規定，以達成其心中所認為之具體個案正義的目標。

二、關於由何者分割爭點，應認為不但法院得依其職權就案件爭點為分割，且訴訟當事人基於保障其程序上之權利，亦在一定之條件下得向法院主張其分割爭點之意見：包括當事人是否接受適用分割爭點方法，以及適用分割爭點方法後，如產生「分割問題」時，當事人接受或拒絕接受之理由等。而關於運用分割爭點方法，並非毫無限制，其仍必須要注意到，如果適用分割爭點方法產生「分割問題」的情形，其結果不得對該不同國家之立法政策產生不利之影響，或至少應該盡量避免發生這種立法政策衝突的可能性。而於當事人能夠協力參與爭點分割，或至少其已經提出對於系爭案件法律關係如何分割爭點之看法時，分割爭點的效果即應拘束訴訟的當事人。

三、最高法院雖然在上述二則判決中開啟了爭點分割方法在我國司法實務上操作的可能性，但若干定義上以及適用技巧細節問題，仍有可能造成選法的不穩定與不可預測，有待未來我國法院於各國際民事訴訟個案中將之進一步地細緻化與穩定化。另一方面，最高法院能突破傳統窠臼，作成如此先驅性的判決，顯見今日涉外民事案件之複雜性與個案正義需求的急迫性，已經對於面臨強力全球化競爭之我國的司法實務工作者形成莫大壓力。誠然，並非每一種涉外法律關係都適合以分割爭點方法處理，每一種法律工具也難祈於能夠作到盡

善盡美。但只要法院願意就各項法律工具的運用採取較以往更為開放、多元的立場，願意就個案實體正義的維護作更具體、更客觀的評量，那麼即使是今日謹慎地邁出一小步，也將會成為明日法學猛進一大步所不可或缺的動力。

參考文獻

中文部分

林恩瑋，論定性的反致，東海大學法學研究，第24期，2006
　　年，頁241-273。

邱聯恭，程序制度機能論，台大法學叢書（52），1998年。

邱聯恭，爭點整理方法論，台大法學叢書（130），2001年。

柯澤東，國際私法，2006年9月版。

許耀明，歐盟統一國際私法之發展——以「管轄權規則」與
　　「準據法公約」為例，月旦法學雜誌，第110期，2004年7
　　月，頁93以下。

陳隆修，國際私法契約評論，1986年。

陳隆修、許兆慶、林恩瑋著，國際私法：選法理論之回顧與展
　　望，2007年。

陳榮傳，國際私法上的適應或調整問題，法學叢刊，第145期，
　　1992年1月，頁111。

陳榮傳，國際私法立法的新思維——衝突規則的實體正義，月旦
　　法學雜誌，第89期，2002年10月，頁60。

賴來焜，當代國際私法學之構造論——建立以「連結因素」為中
　　心之理論體系，2001年9月版。

賴淳良，訴訟上爭點整理與涉外財產案件之審理，法官協會雜
　　誌，第9卷第1期，2007年，頁130以下。

外文部分

B. Audit, "Droit international privé", *Economia*, 2000, 3éd.

Cheshire and North, "Private International Law", 2004, 13 ed.

Courland H. Peterson, "Private International Law at the End of the Twentieth Century: Progress or Regress?", 46 Am. J.Comp. L. 197, at 224, 1998.

Eric J. Mceown, "Simon Says: Time for a New Approach to Choice-of-Law Questions In Idiana", 82 Ind. L.J. 523, 2007.

Erin A. O'Hara and Larry E. Ribstein, "From Politics to Efficiency in Choice of Law", 67 U. Chi. L. Rev. 1151, at 1192, 2000.

Guillaume Kessler, "La reconnaissance en France des Partenariats enregistrés à l'étranger", A.J. Famille, éd. D. 2004, p. 272.

Olivera Boskovic, "L'autonomie de la volonté dans le règlement Rome II (1)", *Recueil Dalloz*, 2009, p. 1639.

Pheadon John Kozyris, "Rome II: Tort Conflicts on the Right Track! A Postscript to Symeon Symeonides' 'Missed Opportunity'", 56 Am. J. Comp. L. 471, at 477, 2008.

Rodney Patton, Sisyphus, "the Boulder, and the Choice–of-Law Hill: The Analytical Framework For Resolving the Unusual and Complex Choice-of-Law Issues that Can Arise When the United States is A Party in An Aviation Case", 71 J. *Air L. & Com.* 471, at 486, 2006.

Stéphane David, "La détermination du régime matrimonial en droit international privé", A.J. Famille, éd. D. 2005, p. 127.

Symeon C. Symeonides, "Proceeding of The Duke Law Center for International Law and Tulane Law Review Symposium: The New European Choice-of-Law Revolution: Lessons for the

United States?", 82 Tul. L. Rev. 1741, at 1782, 2008.

Symeon C. Symeonides, "Rome II and Tort Conflicts: A Missed Opportunity", 56 Am. J. Comp. L. 173, at 185, 2008.

Symeon C. Symeonides, Symposium, "The Challenge of Recodification Worldwide: The Conflicts Book of the Louisiana Civil Code: Civilian, American, or Original?", 83 Tul. L. Rev. 1041, at 1067, 2009.

Y. Loussouarn, P. Bourel e P. de Vareilles-Sommières, "Droit international privé", *Dalloz*, 8é., 2004.

國家圖書館出版品預行編目資料

國際私法理論與案例研究／林恩瑋著. --
二版. -- 臺北市：五南圖書出版股份有
限公司, 2023.04
　　面；　公分.
　ISBN 978-626-343-936-8 (第1冊：平裝)

1.CST: 國際私法　2.CST: 個案研究

579.91　　　　　　　　112003746

1T76

國際私法理論與案例研究(一

作　　者 ― 林恩瑋（122.3）

發 行 人 ― 楊榮川

總 經 理 ― 楊士清

總 編 輯 ― 楊秀麗

副總編輯 ― 劉靜芬

責任編輯 ― 呂伊真

封面設計 ― P. Design視覺企劃、姚孝慈

出 版 者 ― 五南圖書出版股份有限公司

地　　址：106台北市大安區和平東路二段339號4樓

電　　話：(02)2705-5066　　傳　真：(02)2706-61

網　　址：https://www.wunan.com.tw

電子郵件：wunan@wunan.com.tw

劃撥帳號：01068953

戶　　名：五南圖書出版股份有限公司

法律顧問　林勝安律師

出版日期　2013年 2 月初版一刷
　　　　　2021年 9 月初版三刷
　　　　　2023年 4 月二版一刷

定　　價　新臺幣380元

經典永恆・名著常在

五十週年的獻禮——經典名著文庫

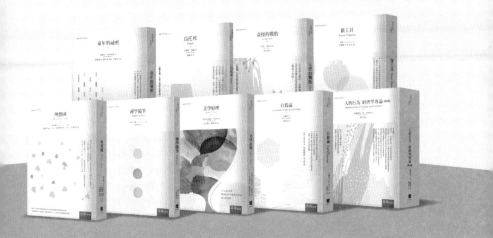

五南，五十年了，半個世紀，人生旅程的一大半，走過來了。

思索著，邁向百年的未來歷程，能為知識界、文化學術界作些什麼？

在速食文化的生態下，有什麼值得讓人雋永品味的？

歷代經典・當今名著，經過時間的洗禮，千錘百鍊，流傳至今，光芒耀人；

不僅使我們能領悟前人的智慧，同時也增深加廣我們思考的深度與視野。

我們決心投入巨資，有計畫的系統梳選，成立「經典名著文庫」，

希望收入古今中外思想性的、充滿睿智與獨見的經典、名著。

這是一項理想性的、永續性的巨大出版工程。

不在意讀者的眾寡，只考慮它的學術價值，力求完整展現先哲思想的軌跡；

為知識界開啟一片智慧之窗，營造一座百花綻放的世界文明公園，

任君遨遊、取菁吸蜜、嘉惠學子！